スモールビジネスの経営力創成とアントレプレナーシップ

東洋大学経営力創成研究センター 編

Research Center for Creative Management,
Toyo University

学文社

執 筆 者（執筆順）

井上　善海	法政大学教授　　　　　　　　　　　　　　　　　（第1章） 東洋大学経営力創成研究センター客員研究員	
石井　晴夫	東洋大学教授　　　　　　　　　　　　　　　　　（第2章） 東洋大学経営力創成研究センター研究員	
西澤　昭夫	東洋大学教授　　　　　　　　　　　　　　　　　（第3章） 東洋大学経営力創成研究センター長	
董　　晶輝	東洋大学教授　　　　　　　　　　　　　　　　　（第4章） 東洋大学経営力創成研究センター研究員	
大原　　亨	東洋大学専任講師　　　　　　　　　　　　　　　（第5章） 東洋大学経営力創成研究センター研究員	
小野瀬　拡	駒澤大学教授　　　　　　　　　　　　　　　　　（第6章） 東洋大学経営力創成研究センター客員研究員	
幸田　浩文	東洋大学教授　　　　　　　　　　　　　　　　　（第7章） 東洋大学経営力創成研究センター プロジェクト・サブリーダー	
柿崎　洋一	東洋大学教授　　　　　　　　　　　　　　　　　（第8章） 東洋大学経営力創成研究センター プロジェクト・サブリーダー	

まえがき

　本書は東洋大学 経営力創成研究センター（以下「本センター」という）6冊目の成果となります。本センターは，現在，センター顧問である小椋康宏本学名誉教授の多大なるご尽力により，2004年に文部科学省の私立大学学術研究高度化推進事業に採択され，「日本発マネジメント・マーケティング・テクノロジーによる新しい競争力の創成に関する研究」(2004～09年)，及び2009年には文部科学省の私立大学戦略的研究基盤形成支援事業にも採択され，「日本発経営力の創成と『新・日本流』経営者・管理者教育の研究」(2009～14年)を研究テーマとするオープン・リサーチ・センターとして，書籍や年報『経営力創成研究』だけでなく，シンポジウムなどを通じ，スモールビジネスの振興とその担い手となるグローバルな企業家の経営力創成に向けた研究成果を発表して参りました。

　こうした研究活動と活動実績が高く評価され，2014年においても，再度，私立大学戦略的研究基盤形成支援事業に採択され，「スモールビジネス・マネジメントの創造と国際的企業家育成の研究」(2014～19年)を新たな研究テーマにしつつ，本学のSGU採択にも貢献しえるような研究活動を継続・拡充することができました。これも本センターにご参加いただいた研究員の皆様方の真摯な研究活動の賜物であったことは言うまでもありません。ここに深く感謝を申し上げます。

　但し，本センターがこのような実績を上げることができたのは，単に優れた研究実績を示しえたからだけではありません。本学大学院経営学研究科の特徴として，中小企業診断士登録養成コースを開設し，中小企業診断士を目指す多くの社会人実務家が学ばれていることから，本センターにおいても，社会人実

務家との交流を通じ，Think-tank としての研究機能だけでなく，Do-tank として，その研究成果の活用が常に意識されてきたからでもあります。

　このように本センターは，「高度な実践経営学」という本学大学院経営学研究科の理念のもと，高度な研究と実践を統合し，大学院における特徴ある教育・研究に大きく貢献しえる成果を蓄積することができました。本センターの活動は本年度をもって終了いたしますが，経営学研究科の改革・再編を受け，次年度以降，本センターの活動を引き継ぐ新たな構想のもと，さらなる発展に向かうことを強く期待いたしております。

　以上のような背景のもと刊行された本書は，本センターの研究活動の総括を担う性格を持った書籍だと言えます。本センターは，現在，「日本における中小ビジネスの創造と国際的企業家育成研究」「アジアにおける中小ビジネスの創造と国際的企業家育成研究」「ベンチャーの創造と国際的企業家育成研究」という三つの研究グループに分かれ，スモールビジネスにとって喫緊の課題となっているイノベーションとグローバリゼーションの実現に向けた経営力創成に関する調査・研究を行ってまいりました。

　本書は，そうした研究活動の成果として，『スモールビジネスの経営力創成とアントレプレナーシップ―イノベーションとグローバリゼーション―』という書名のもと，第1章：スモールビジネスとオープンイノベーション，第2章：もの作り中小企業における経営力創成への挑戦，第3章：タイにおけるもの作りSMEsの組織化，第4章：不確実性佳下の退出基準，第5章：創業者のビジョンと企業ドメインの形成，第6章：企業家育成における企業家の意思の意義，第7章：起業家精神と起業家教育，第8章：中小企業の企業家育成基盤としての経営体制，の8章から構成されております。いずれも本センターの最終成果に相応しい研究内容になっていると自負致しております。

　最後になりましたが，本センターの研究活動にご協力いただきました研究者及び関係者各位に深くお礼を申し上げます。また，出版事情の厳しいなか，本書の出版に大きくご貢献いただきました，学文社の田中千津子社長に心からお

礼を申し上げます。本当にありがとうございました。

2019年2月1日

東洋大学経営力創成研究センター

センター長　西澤　昭夫

研究概要

1．研究目的

　経営実践学の視点から，「スモールビジネス・マネジメントの創造と国際的企業家育成の研究」をテーマに，国際的企業家，国際的企業家精神をもった企業家に率いられたスモールビジネス・マネジメントの経営実践原理を明らかにすることを研究目的とする。

　国際的企業家，国際的企業家精神をもった企業家に率いられたスモールビジネスが，社会・経済から期待された役割を果たすためには，従来の経営学の殻を打ち破る新しいスモールビジネスのマネジメントが必要であり，本研究ではその経営実践原理を探求する。

2．研究プロジェクトの学術的特色

　本研究はスモールビジネスのマネジメントに焦点をあて，企業家を目指す成長速度によって，職人企業家，機会主義的企業家，ベンチャー企業家に分類する。さらに企業形態と社会的・経済的役割からマイクロビジネス，ライフタイムビジネス，ライフスタイルビジネス，ベンチャービジネスに分類し，財務的裏付け，投資に対するインセンティブへの反応から分類した上で，以下の3つのプロジェクト研究に取り組む。

　第一プロジェクトは，技術力をもったマイクロビジネス，日本発ベンチャー企業家の経営力創成，日本的経営を基礎にして国境を意識することなく活動する国際的企業家，の3つの視点からスモールビジネスのマネジメント力の研究

を行う。そして，わが国のライフタイムビジネスのマネジメントを変革し，継続性を実現することによって，スモールビジネスの発展がわが国の成熟経済を変革する力をもつことを示す。

　第二プロジェクトは，アジアを起点とするスモールビジネス企業家の視点から，スモールビジネスの事業継続性と発展を研究する。この視点には日本のスモールビジネスとの連携を目指す海外企業経営，海外展開を目指す中小企業者の双方を研究の対象とする。研究対象となるアジアの地域は，中国だけでなく，ミャンマー，インドネシア，タイ，ベトナムの経営者を対象とする。

　第三プロジェクトとして成長・発展の原動力として投資を獲得できる魅力を持ったベンチャー企業と国際的企業家育成について，EU，米国，アジア，日本の国際比較を行うことによってスモールビジネスの創造と国際的企業家育成について研究する。

　以上，3つのプロジェクトの研究活動に学術的特色をもつ。

（平成26年度私立大学戦略的研究基盤形成支援事業構想調書より抜粋）

目　　次

まえがき　　i
研究概要　　v

第1章　スモールビジネスとオープンイノベーション
　　　　　－中小企業と大企業との産産連携を中心に－ ……………………… 1
1．はじめに　1
2．最近のオープンイノベーションの動向　2
3．オープンイノベーションの現状と課題　3
4．事例分析　6
5．おわりに　13

第2章　もの作り中小企業における経営力創成への挑戦
　　　　　－高塩技研工業㈱のケーススタディを中心として－ …………… 16
1．国内外の環境変化への対応　16
2．高塩技研工業㈱の特色あるもの作りへの挑戦　17
3．ユーザーサイドに立脚した製品づくり　22
4．新たなビジネスモデルの構築とその創造　25
5．製品に対する国内外からの評価　28
6．今後の課題と展望　31

第3章　タイにおけるもの作りSMEsの組織化
　　　　　－Thai Subconの形成と展開－ ……………………………………… 34
1．はじめに　34
2．「中所得国の罠」の原因　37
3．Thai Subconの形成と展開　41

4．Thai Subcon の活動と成果　　44
　5．「中所得国の罠」脱却の条件　　46
　6．おわりに　　49

第4章　不確実性下の退出基準　　60
　1．はじめに　　60
　2．確実的状況下の退出基準　　61
　3．リアルオプション・モデルの退出基準　　65
　4．退出基準の特性　　66
　5．退出のタイミング問題　　68

第5章　創業者のビジョンと企業ドメインの形成　　73
　1．はじめに　　73
　2．企業ドメインと創業者のビジョン　　73
　3．事例：株式会社ウッドワンの企業ドメインの確立　　76
　4．おわりに　　85

第6章　企業家育成における企業家の意思の意義　　90
　1．はじめに　　90
　2．企業家教育における企業家の意思　　91
　3．企業家の意思の促進要因　　96
　4．考　察　　100
　5．おわりに　　104

第7章　起業家精神と起業家教育　　110
　1．はじめに　　110
　2．各種報告書にみる日本の起業動向　　111

3．起業動機の要因　114
　　4．アントレプレナー（entrepreneur）の登場の背景　117
　　5．起業家（精神）教育の基盤　119
　　6．日本の起業家教育の現状と課題　122
　　7．米国にみる体験型起業家教育モードの実践　126
　　8．起業家教育プログラムへの起業家精神概念の導入　130
　　9．体験型起業家教育モードの実例にみる起業実態　132
　10．おわりに　136

第8章　中小企業の企業家育成基盤としての経営体制 …………………… 141
　　1．はじめに　141
　　2．イノベーションの視点からみた中小企業　141
　　3．中小企業のイノベーションと組織間関係　144
　　4．企業家機能と経営機能　151
　　5．中小企業の経営体制と企業家的経営者　153
　　6．おわりに　158

あとがき　163

第1章
スモールビジネスとオープンイノベーション
―中小企業と大企業との産産連携を中心に―

1．はじめに

　ビッグデータやIoT（Internet of Things），AI（Artificial Intelligence），ロボット等がコアとなる第4次産業革命では，限界費用や取引費用の低減が進み，新たな経済発展や社会構造の変革を誘発すると期待されている。ただ，第4次産業革命への日本の対応は，海外に比べて遅れているといわれる（総務省,2017）。

　ドイツは2010年に打ち出した官民連携プロジェクト「Industry4.0」で，いち早く第4次産業革命の潮流に乗った。それ以降，アメリカやイギリス，イタリアなど欧米諸国を中心に，第4次産業革命を意識した国家戦略が進められてきた。日本では，2016年の「日本再興戦略2016」「経済財政運営と改革の基本方針」「ニッポン一億総活躍プラン」で，2017年には「未来投資戦略2017」で，第4次産業革命へ対応する成長戦略が示された。

　スイスのビジネススクール IMD（International Institute for Management Development）教授のStéphane Garelliは，日本が国際競争力を高めるには，中小企業の技術革新とグローバル戦略が必要で，香港やシンガポールなど国際競争力ランキングの順位が高いところはすでにそうしていると指摘していた（日本経済新聞　2012）。しかし，IMDの「2018年世界競争力年鑑」を見ても，日本は25位といまだ競争力は上がらず，香港とシンガポールはそれぞれ2位，3位と上位につけている（IMD 2018）。

　総務省（2017）では，第4次産業革命がもたらす潮流の一つとして，オープンイノベーション（Open Innovation）の進展があげられており，経済産業省（2016）

でも「第4次産業革命をリードする日本の戦略」の中で，オープンイノベーションシステムの構築を提言し，産学連携の体制を強化することで，企業から大学・研究開発法人への投資を今後10年間で3倍に増やすことを目指している。

そこで，本章では，第4次産業革命に資するといわれているオープンイノベーションについて，まず日本企業における取り組み状況とその課題について現状分析を行う。それを受け，日本企業ではなかなか進まないといわれる製品開発・事業化・量産化段階における産産連携によるオープンイノベーションの展開について，取り組み成果を上げている中小企業の事例を分析・考察することで，その有効性を明らかにする。

2．最近のオープンイノベーションの動向

第4次産業革命への有効な対応策として取り上げられるオープンイノベーションであるが，チェスブロ (Chesbrough 2003) によって提唱されてからすでに15年が経過している。自前主義や下請生産システムをはじめとした限定された企業との取引によりリスク回避を歴史的に採用してきた日本企業には馴染みにくいとされ，次節で見るように実践度が高いとはいえない。

最近のオープンイノベーションの動向を見てみると，①研究開発から新事業創出のオープンイノベーションへと対象領域が拡大している，②インバウンドだけではなくアウトバウンドや連携型へとオープンイノベーションの創出方法が成熟化してきている，③大企業とベンチャー企業間の協業・連携が増加してきている，④欧州ではOI1.0から産官学に一般市民を取り込んだユーザー中心の新たなオープンイノベーションモデルであるOI2.0への流れがみられる。日本の大企業でも大半が産官学連携を中心にオープンイノベーションを推進しているが，OI2.0のように多くの関係者を巻き込み，製造業とITが融合したIoTなど，新産業の開拓に結びつける動きは十分ではない（オープンイノベーション・ベンチャー創造協議会　2018）。

今後，日本企業が第 4 次産業革命へ対応していくためには，欧州のような OI2.0 への展開が求められよう。

3．オープンイノベーションの現状と課題

3.1　日本企業におけるオープンイノベーションの実態

チェスブロ（Chesbrough 2003）によれば，オープンイノベーションは，企業内部（自社）のアイデア・技術と外部（他社）のアイデア・技術とを有機的に結合させ，価値を創造することである。

日経 BP 総研（2017）が，企業の経営企画／事業開発を担当する者に対し，オープンイノベーションの実態を尋ねた調査によると，9 割がオープンイノベーションについて必要と答え，ほぼすべての企業や組織でオープンイノベーションが求められていた。しかし，オープンイノベーションが必要と 9 割が答えながら，オープンイノベーションを実践しているのはそのうちの 4 割弱でしかなかった。このことからも，日本企業は，オープンイノベーションの必要性は認識しているものの，オープンイノベーションが日本企業に馴染んでいないことがわかる。

オープンイノベーションが必要だと感じている理由については，「新事業分野を生み出せるから」が 7 割強と圧倒的に多かった，次いで，「新しいニーズやシーズを知ることができるから」「自社にない技術やノウハウを取り込める」「開発をスピードアップできる」が上位の回答となっており，外部の力を使うことで事業開発のスピードを上げたいという意向がうかがえる。

オープンイノベーションを実践しない理由については，「オープンイノベーションを実践する人材不足」「オープンイノベーションに向けた組織体制の不備」が多く，オープンイノベーションにかかわる人材と組織体制が課題となっていて，「経営層の理解不足」もオープンイノベーションを実践に移せない課題としてあがっている。

オープンイノベーションを展開する対象については，「自社内」「国内の大学や公的な研究機関」「取引先」「グループ企業内」が上位を占め，オープンイノベーションの相手が自社と関係のある企業が中心で限定的となっていることがわかる。

この調査結果からも，オープンイノベーションは，自前主義や下請生産システムをはじめとした限定された企業との取引によりリスク回避を歴史的に採用してきた日本企業には馴染みにくく，このような日本企業の体質が，オープンイノベーション展開の阻害要因となっていることがわかる。

この点については，経済産業省 (2015) の調査でも，「オープ・ンイノベーションを進める意識はある」が，大企業では 40% 強，中堅・中小企業でも 35% 程度となっているが，実際の研究開発では 70% を自社単独で行っていることが示されており，このことからも自前主義の傾向が強いことがわかる。

3.2　日本の中小企業におけるオープンイノベーションの実態

経済産業省 (2006～2009) が「元気なモノ作り中小企業 300 社」に選定した企業 1,200 社を対象とした筆者の調査から，中小企業のオープンイノベーションの実態についてみてみる（井上 2017）。本調査では，対象企業が経済産業省選定の「元気なモノ作り中小企業」で，中小製造企業の中でも比較的業績が好調な企業であったことから，回答企業の 7 割強が外部機関と連携していた。

外部機関と連携する目的については，「人材不足」「資金不足」「信用不足」といった不足する経営資源を補う従来型の単発的結合による資源補完より，「自社が持たない技術やノウハウの活用」「連携相手の設備活用」「スピード化」「コストの削減」といったオープンイノベーションの特性である外部資源を積極的に活用する有機的結合による価値創造が多く見られた。

外部機関の探索方法については，「公的機関の窓口」「研究会や交流会への参加」「展示会・イベント等」といった従来型の探索方法が半数を占めていたが，「取引先からの紹介」「金融機関からの紹介」「他企業からの売り込み」とステ

ークホルダーの活用も多く見られた。

　外部機関との連携での障害については，「情報が漏えいするリスク」が最も多いが，「連携相手を見つけることが困難」「情報不足」といった探索方法の障害や，「連携相手との協業」「連携相手との交渉」といった交渉ノウハウ面での障害も多く見られた。

　外部機関との連携成果については，「新たな技術やノウハウの獲得・蓄積」「製品開発力の向上」といった直接的な技術・開発面だけでなく，「自社のブランド・認知度向上」「顧客ニーズへの対応」「従業員の意欲・能力向上」といった間接的な恩恵も受けていた。

　外部機関との連携担当については，「経営者」「役員」といった経営者層が連携を担当するのが中小企業では一般的であるが，「専門の管理職」「専門の従業員」といった専門の担当者を配置している企業も多く見られた。外部機関との連携関与業務については，「連携の取り組み方の決定」「連携テーマの設定」「連携戦略の策定」といったイノベーションの設計業務に連携担当が関与していた。

　連携相手との取り組み内容については，「公的支援機関」「大学や高専等」といった研究開発等の上流部分における連携だけでなく，「大企業」「中小企業」「ベンチャー企業」といった企業間連携も含めた事業化まで見越したものも多く見られた。

　表彰・認定，補助金・助成金の獲得とその効果については，「自社にメリットがある場合は自ら行動を起こしている」「積極的に獲得できるよう常に情報収集に努め行動している」と大半の企業は積極的に獲得に努めていた。獲得したことにより「信用力」「金融機関の評価」「社会からの評価」「取引先からの評価」「顧客からの評価」と信用・評価面で効果が出ている。「資金調達」「人材確保」といった経営資源面での効果も出ていた。

3.3　中小企業とオープンイノベーション

　オープンイノベーションは，下請生産システムを始めとした限定された企業

との取引によるリスク回避を歴史的に採用してきた日本企業には馴染みにくいとされてきた。

　大企業は戦略展開に必要な経営資源を内部調達で対応可能であるが，中小企業は，大企業に比べると経営資源の質・量がともに限定されていることから，不足する技術やノウハウ，経営資源を内部調達よりも外部調達に求めるしか手がない。このため，必然的に外部との連携に取り組むことになる。

　オープンイノベーションは日本の大企業には馴染みにくいが，中小企業にはその経営特性からして向くと考えられる。ただ，中小企業の外部との連携例を見てみると，前節の大企業の事例と同じく産官学連携などによる技術開発の上流部分における連携が中心となっており，事業化まで見通した企業間連携の展開事例は少ない。

　つまり，日本企業におけるオープンイノベーションの主体は，大企業・中小企業を問わず産官学連携が中心であり，事業化まで見通した企業間連携，いわゆる産産連携が少ないのが現状である。

　オープンイノベーションは，研究開発等の上流部分における連携だけでなく，販売等の下流部分における連携も含めた事業の仕組みを構築することであり，戦略的に統合されたものでなければならない（井上　2016）。

　オープンイノベーションの段階別での連携関係は，基礎的研究・実用化研究段階では産官学連携が有効であるが，製品開発・事業化・量産化段階に入ると産産連携が求められる（近畿経済産業局　2014）。

4．事例分析

4.1　研究方法

　分析対象とした中小企業のオープンイノベーションのケースは，海外からの調達が増加し，事業所数・従業者数が激減しているストロー業界，その中でも，大手飲料メーカー1社との取引依存が崩壊し業績悪化，危機的な状況からオー

プンイノベーションに取り組み再成長している中小企業を1社抽出し，シングル・ケーススタディ（単一事例研究）を行った。

　Yin（1994）によれば，シングル・ケーススタディは，ケースが極端あるいはユニークな場合など，新事実のケースの発見において有用であるとし，複数のケースを扱うマルチプル・ケーススタディに比べて研究戦略が脆弱であるわけではなく，シングル・ケーススタディが持っている未知の条件への知的で創造的な適応性を高く評価している。

　本事例企業は，筆者がこれまで深くかつ長いスパンで継続的な分析を行うことによって，研究の正当性と妥当性を図った事例である。

4.2　分析視座

　筆者によるこれまでの研究から明らかとなった，オープンイノベーションに取り組み，成果を上げている中小企業の特性は，下記の7項目である（井上2017）。これを視座にし，本章では事例の分析・考察を行い，製品開発・事業化・量産化段階における産産連携の有効性を明らかにする。

特性1：経営者がイノベーションを担う企業家の役割を果たしている
特性2：イノベーションの設計を経営者自らが行い，外部知識の探索に取り組んでいる
特性3：大企業や大学へ自らが積極的にアプローチしている
特性4：大企業との連携において，中小企業側が主導権をとっている
特性5：下請事業を維持しながらイノベーションに取り組んでいる
特性6：信用力不足を，大学や大企業との連携，表彰・マスコミ取材などで補っている
特性7：研究開発から販売までが統合されたオープンイノベーションの仕組みができている

4.3 事例企業の概要

シバセ工業（以下，シバセ）は，1926年に精米業の芝勢商店として創業，1949年には素麺加工業に転じ，芝勢興業株式会社として法人化されている（図表1-2）。その後，1969年に2代目社長がストロー生産を始めた。シバセの本社が所在している岡山県浅口市は麦の産地で，その茎を使ってストローや麦わら帽子が生産され，日本のストロー発祥の地ともいわれている。

1975年に，大手飲料メーカーとの取引が始まったのをきっかけに，本格的にストロー事業に転換し，外食産業の拡大も相俟って売上も拡大，安定した経営が続いていた。しかし，1997年頃から，国内競合他社が特許を持つ2段式伸縮ストローに取引先の大手飲料メーカーが転換し始めたことにより，売り上げが急減した。

売上依存度が95％に達していた大手飲料メーカーとの長年の取引関係に甘え，製品開発や販路開拓を怠っていたことが災いした。それに加えて，外国製低価格ストローの輸入増大の影響もあり，1995年には5億円強であった売上高が，2002年には1億2,000万円にまで落ち込んだ。

現社長は，妻が創業家と親戚関係にあったことから，1998年に，後継者のいない2代目社長から事業承継の要請を受け，次期社長含みで工場長として入社している。2005年に社長に就任し，2006年には創業家の名を残した現社名

図表1-1 シバセ工業の企業概要

社名	シバセ工業株式会社
代表者	磯田 拓也
所在地	岡山県浅口市鴨方町六条院中3037
創業	1926年（大正15年）
設立	1949年（昭和24年）
資本金	1,000万円
売上高	3億9,500万円（2018年3月期）
従業員数	49名（役員2名，正社員27名，パート・アルバイト20名）
事業内容	飲料用・工業用ストロー製造，モーター検査装置開発

出所）企業資料をもとに筆者作成

へと変更した。

　飲料用ストローが低迷する中，ストローはプラスチック製のパイプととらえることで，飲料用以外の用途開発が可能となった。「工業用ストロー」「医療用ストロー」として，顧客からの要望に合わせた低コストの薄肉樹脂パイプをストロー製造技術で次々に開発製造し，現在では，売上高が3億円を超えるところまで復活し，「ストローメーカーがつくる金型不要の薄肉樹脂パイプ」として取引先数は1,000社を超えている。

　また，2010年には同業者のダイヤストローと経営統合し，「ダイヤストロー」ブランドを引き継ぐことにより，飲料用ストロー部門も強化している。

4.4　事例企業のオープンイノベーション
(1) 経営者がイノベーションを担う企業家の役割を果たしている（特性1）
　2代目社長から事業承継の要請を受けた1995年には，磯田拓也現社長はまだ日本電産株式会社（以下，日本電産）のエンジニアであった。仕事の区切りがつくまで待ってもらい，1998年に工場長として入社した時には，すでに大手乳業メーカーからの受注が減少していた。

　2005年の社長就任後は，営業担当者の採用とホームページの開設に取り組んだ。ネットショップも開始し，それまでは飲料メーカー向けストローしか製造していなかったが，レストラン向けの業務用ストローにも販路を拡大するなど経営努力を続けることで，少しずつ業績を回復させてきた。それでも，安価な輸入品ストローとの競合やストロー市場の低迷で先が見通せなかった。

　ホームページ開設後，取引先以外の企業から，「こんなものはできないか」と飲料用以外の用途に関する問い合わせがあり，ストローは飲料用だという固定概念を打ち砕かれた。ストローはプラスチック製のパイプであることに気づかされたのである。ストローを薄肉樹脂パイプととらえると，飲料以外の用途がたくさんあった。

　ストローは，薄くて，軽くて，使い捨てができるという特徴があり，製造は

金型を用いずに成型できることから，短納期・低コストで対応できる利点もある。強度を求められないパイプであったら，何にでも応用できる。磯田社長が，日本電産のエンジニアで，ストロー業界での経験が浅かったから，「工業用ストロー」へ転換するという企業家的発想ができたのである。

(2) **イノベーションの設計を経営者自らが行い，外部知識の探索に取り組んでいる（特性2）**

ストローを薄肉樹脂パイプととらえると，飲料以外の用途がたくさんあることがわかったが，どこにそのようなニーズがあるかはわからない。そこで，潜在ニーズをつかむため，ホームページで飲料用のストローを工業用のパイプとして使えることを，前述のストローの特長を示しながら全面的に打ち出した。

SEO (Search Engine Optimization：検索エンジン最適化) 対策にも積極的に取り組み，「ストロー」での検索結果では常に上位を保持している。その結果，機械部品のパッケージ，工業製品のノズルやポンプ，医療現場のチューブやカバーなど多様な用途の注文が，ホームページを通じて来るようになった（図表1-2）。顧客がホームページから来店することから，販路開拓費もIT投資のみで済んだ。

工業・医療用ストローの用途開発のアイデアは顧客に任せ，自社はこれまでの飲料用ストローの製造技術で，試作や量産を可能にするというイノベーションの設計を磯田社長自らが行い，外部知識の探索はホームページで行う仕組みができあがった。ここでも，磯田社長の日本電産でのエンジニアの経験が活きている。

(3) **大企業や大学へ自らが積極的にアプローチしている（特性3）**

ホームページで受注するというと消極的な営業形態のように見えるが，検索エンジンで上位に表示できるようきめ細かなSEO対策を講じるだけでなく，これまで工業用ストローとして受注・製造してきた経験やノウハウの蓄積が，新規顧客への提案力となっている。その成果は，工業用ストローからアルコール検知器や血液分析装置などの「医療用ストロー」へと広がり，医療機器の分

野まで販路が開拓されている。

図表1-2 工業・医療用ストローの用途開発例

用途	具体的な製品開発例
カバー・マスキング	ペン先用キャップ，カテーテルカバー，ネイル筆キャップ，マスキングストロー，シャフト保護カバー，注射針カバー，ドリルカバー，おみくじホルダー，鼻用薬剤噴霧ノズルのカバー，バーコンベアカバー，牛用カテーテルカバー，医療器具カバー
ガイド	釣具道糸ガイド，医療用ガーゼガイド
ノズル	ポンプ用ノズル，バキュームノズル，スプレーノズル，バブリング用ノズル，ピペットチップ，血液分析装置の分注機用スポイトチップ，薬品容器のノズルとポンプ
支柱・棒	紙箱コーナー補強材，飴細工棒の代替，めざし・ししゃも棒，バルーン持ち手棒，旗振り棒，壁掛けレターラックの紐通し，園芸植物の支柱，ペーパークラフトカーの車輪軸，ケーキポップス
従来品の代替	樹脂製熱交換器，医療用使い捨てスポイト，アルコール検知器用，巻き製品の中芯，吹き矢，スポロー
その他	電子部品封入パック，工業部品パッケージ，クラフトストロー，オブジェ・アート，電気ポットの水量目盛用フロート，シャボン玉用ストロー，バリウムストロー，血中CO_2濃度測定用マウスピース，介護用ストロー，医療道具のパッケージ

出所）企業資料をもとに筆者作成

(4) 大企業との連携において，中小企業側が主導権をとっている（特性4）

　トヨタ自動車，キリン，日本細菌検査，東芝メディカルシステムズ，ニプロ，全日空，ネスレ，小林製薬，三菱鉛筆といった大企業との取引が増加している。ホームページを通しての「こんなものがストローで作れないか」といった問い合わせから始まる事業の仕組みであることから，当然主導権はシバセ工業側にある。また，製造設備は現状のものを流用しているが，工業・医療用ストローとなると精度の緻密さが要求される。製造中のストローの口径などをレーザーで測定する装置やストローの口を超音波で圧着して閉じる装置などを自社開発し，高精度が要求されるものを多品種小ロットで効率的に生産できるようにした。このため，他の飲料用ストローメーカーでは対応できない技術レベルとなっている。

　工業・医療用ストローは，海外製品と価格競争を強いられる飲料用ストローと違い，付加価値の高い製品であることから，単価が高く利幅も大きい。医療

用ストローが好調なことから，手術室同等の国際基準「クラス100000」対応のクリーンルームを新たに増設する。医療用器具のストロー素材でのカバーは使い捨てで安価な商材であり，将来的には事業の一つの柱になると考えているからである。

(5) 下請事業を維持しながらイノベーションに取り組んでいる（特性5）

2段式伸縮ストローの登場で取引先の大手飲料メーカーからの受注が激減したが，発想の転換で工業用ストローや医療用ストローで再成長に向かっている。しかし，飲料用ストローの製造技術があったからこそイノベーションを起こせたのであり，市場環境がますます厳しく，利益率も低いといわれる飲料用ストローだが，現在でも積極的に事業展開している。

また，磯田社長は，日本電産退職後も，モーターの自動検査装置の開発を引き続き依頼され，飲料用ストロー事業が低迷する中でも，平日の帰宅後と土・日曜日を利用して開発に取り組んだ。その技術が工業用・医療用ストローの計測制御に活かせ，今ではモーター検査装置開発が一つの事業部門として育っている。

(6) 信用力不足を，大学や大企業との連携，表彰・マスコミ取材などで補っている（特性6）

一件当たりの取引金額は多くなくとも，日本を代表するような大企業との直接取引があること，および中国地域ニュービジネス大賞特別賞受賞や経済産業省の地域未来牽引企業への選出，医療機器の製造・設計に関するアジア最大級の展示会「MEDTEC JAPAN 2018」においてイノベーション大賞を受賞したことで注目を浴び，信用力を増している。

ホームページを開設しSEO対策で検索順位が上位となったことで，顧客だけでなくマスコミからの検索にも有利に働き，マスコミに取り上げられる機会も増えて，宣伝効果も高まっている。

(7) 研究開発から販売までが統合されたオープンイノベーションの仕組みがで

きている(特性7)

製造技術の研究開発は自社で,工業・医療用ストローの用途開発は発注側の大企業が行い,販路開拓はホームページで行うという,開発から販売までを統合したオープンイノベーションの仕組みができ上がっている。

5．おわりに

本章では,第4次産業革命に資するといわれているオープンイノベーションを取り上げ,最近のオープンイノベーションの世界的な動向を踏まえながら,日本企業におけるオープンイノベーションへの取り組み状況とその課題について,現状分析を行った。

その結果,日本企業のオープンイノベーションは,基礎的研究・実用化研究段階での産官学連携は効果をあげているが,製品開発・事業化・量産化段階での産産連携によるオープンイノベーションの推進が課題となっていることがわかった。そこで,日本企業ではなかなか進まないといわれる製品開発・事業化・量産化段階における産産連携によるオープンイノベーションの展開について,取り組み成果を上げている中小企業の事例を考察し,その有効性を明らかにした。

第4次産業革命に対応していくためには,日本企業の潜在能力を結集してイノベーションを創出し,新事業・新産業を起こしていくことが必要であり,そのためには,中小企業と大企業との産産連携によるオープンイノベーションを推進することが有効である。

(井上　善海)

参考文献
アドレイジ (2017)「2017年度 アクセラレータープログラム一覧」
　http://ad-rage.com/2017/07/13/accelerator-program-list-for-2017-31-selection
　(2018年9月24日閲覧)
オープン・イノベーション・ベンチャー創造協議会 (2018)「オープン・イノベーシ

ョン白書第二版」

https://www.joic.jp/joic_members/open_innovation_hakusyo（2018 年 9 月 24 日閲覧）

井上善海（2016）「中小企業におけるオープン・イノベーションのメカニズム」日本マネジメント学会『経営教育研究』19（2）: 45-55

井上善海（2017）「中小企業の外部機関との連携～モノ作り中小企業 1,200 社を対象とした調査をもとに～」東洋大学経営力創成研究センター『経営力創成研究』第 13 号：5-16

近畿経済産業局（2014）「オープン・イノベーション手法を活用した戦略的アライアンス構築等に向けた基礎調査」

http://www.kansai.meti.go.jp/3-3shinki/chousa26/26houkokusho.pdf（2018 年 9 月 24 日閲覧）

経済産業省（2013）「地域イノベーション」

http://www.meti.go.jp/policy/local_economy/tiikiinnovation/index.html（2018 年 9 月 24 日閲覧）

経済産業省（2015）「民間企業のイノベーションを巡る現状」

http://www.meti.go.jp/committee/sankoushin/sangyougijutsu/kenkyu_kaihatsu_innovation/pdf/（2018 年 9 月 24 日閲覧）

経済産業省（2016）「新産業構造ビジョン」

http://www.meti.go.jp/press/2017/05/20170530007/20170530007.html（2018 年 9 月 24 日閲覧）

経済産業省関東経済産業局（2018）「オープン・イノベーション・チャレンジピッチ 2018」

http://www.kanto.meti.go.jp/seisaku/open_innovation/challenge_pitch2018.html（2018 年 9 月 24 日閲覧）

総務省（2017）『平成 29 年版情報通信白書』

http://www.soumu.go.jp/johotsusintokei/whitepaper/h29.html（2018 年 9 月 24 日閲覧）

東京都（2018）「フィンテックビジネスキャンプ東京」

https://www.seisakukikaku.metro.tokyo.jp/bdc_tokyo/japanese/bizcamptky/fintech/（2018 年 9 月 24 日閲覧）

長山宗弘（2005）「地域産業活性化に関する諸理論の整理と再構築」信金中央金庫『信金中金月報』4（10）: 20-48

日経 BP 総研（2017）「オープン・イノベーションに関するアンケート」

http://corporate.nikkeibp.co.jp/information/newsrelease/20170630.shtml

(2018 年 9 月 24 日閲覧)
日本経済新聞 (2012)『日本経済新聞』2012 年 7 月 15 日付
福田稔 (2014)「ドイツが仕掛ける新産業革命『インダストリー 4.0』の波紋」
　https://business.nikkeibp.co.jp/article/report/20140807/269794/（2018 年 9 月 24 日閲覧）
元橋一之・上田洋二・三野元靖 (2012)「日本企業のオープン・イノベーションに関する新潮流」経済産業研究所
Chesbrough, H.（2003）*Open Innovation : The New Imperative for Creating and Profiting from Technology*, Harvard Business School Press.（大前恵一朗訳, 2004『OPEN INNOVATION』産業能率大学出版部）
IMD（2018）「2018 年世界競争力年鑑」
　https://www.imd.org/（2018 年 9 月 24 日閲覧）
Yin, Robert K.（1994）*Case Study Research : Design and Methods, 2nd ed.*, Sage Publication.（近藤公彦訳, 1996『ケース・スタディの方法』千倉書房）

第2章
もの作り中小企業における経営力創成への挑戦
―高塩技研工業㈱のケーススタディを中心として―

１．国内外の環境変化への対応

　現代の企業経営は，日々大きな変化に直面している。同業種はもとより異業種においてもビジネス交流が活発化しており，国内はもとよりグローバルなアライアンス（提携）や企業間ネットワークが新たな展開を迎えている。こうした状況下において，優れた技術を保有していても，自社を中心としたサプライチェーンやバリューチェーンの仕組みなどを構築できなければ，持続的な競争優位を獲得できない。そのためには，大企業・中小企業を問わず自社の経営資源のみならず，外部の経営資源を戦略的に再編成するようなアライアンスを構築し，従来の枠を超えた自社のネットワークを形成する必要がある。つまり，企業には社会や環境の変化に素早く適応可能な「ダイナミック・ケイパビリティ」への対応が求められている。ダイナミック・ケイパビリティとは，急速な経営環境の変化に対して，弾力的な組織能力の幅広い活用を実践することを意味しており，刻々と変化する社会・経済環境に素早く対応する考え方である。[1]

　一方，マクロ要因としては，最近の水環境やエネルギー分野をはじめとするインフラストラクチャー（社会的生産基盤）では，直面する老朽化対策やIoT・AI等の利活用によって新たなステージを迎えており，供給システムの手法や競争環境は大きく変化している。日本企業が巨大な世界の水環境やエネルギー・ビジネスでイニシアチブを獲得するためには，国内外でニーズに合致したスマートな水インフラやエネルギーの供給システムをパッケージで提供する必要がある。また，既存の欧州を中心とする水メジャー，日本の総合商社，行政，電機・機械・部品メーカーのみでなく，中小企業やベンチャー企業等の優れた

技術や知見も積極的に取り込んでいくことが重要である。

　さらに，マネジメントの観点からは「技術」と「経営」をさらに融合させ，ボーダレス化に伴い異文化間コミュニケーションの視点を積極的に取り入れながら，さまざまな問題点をトータルでマネジメントできる人材（財）の育成プログラムなどの採用も必要となろう。そのためには，コミュニケーションのための言語力と異文化へ適応を促す異文化間コミュニケーションの能力を高めつつ，現場でのニーズを明確に把握し，必要とされるビジネスに反映させることが必須となる。現代企業のグローバル展開には，民間企業の取り組みのみならず，政府による国家戦略も大きな要因となっている。

　日本のみならず各国においても急速なグローバル化に直面し，民間・公共を問わず今改めて組織マネジメントの再構築が求められている。国内外の経済・経営環境が目まぐるしく変化する中で，日本国内でも法律や制度が徐々に改正されつつある。

　本章では，そうした変化要因を捉えつつ，常に新たな製品開発を手掛け，一貫して最適な組織マネジメントを探求している栃木県那須塩原市に所在する高塩技研工業㈱と，その販売会社であるソルテック工業㈱をケーススタディとして取り上げ，同社の新たな経営戦略の採用と実行に移す際の組織マネジメントのあり方などを中心に考察することとする[2]。

2．高塩技研工業㈱の特色あるもの作りへの挑戦

2.1　会社設立の起源と発展の経緯

　高塩技研工業㈱（以下，「高塩技研」と略す）は，シール・ラベルやフィルムといった薄物素材をカット，スリット，ダイカットする機械を製造している。機械の設計，部品製作，組み立てを一貫して行っており，社員は20人強と小規模ながら，あらゆる分野の大手メーカーに機械を納入している。今日では，個々の顧客の多様な要望（ニーズ）に応える企業として，薄物加工業界では一

目置かれている。

　同社が特異なのは，技術面だけではない。多くの中小企業が後継者で悩む中で，2人の息子と長女が会社に入社し，父親の意思と想いを継ぎ，次代の経営者として辣腕を振るっていることにある。ここでは，「機械が大好きだった」という少年がいかにして同社を創業し，次代へと企業をつないできたのか，同社の発展の経緯をそれぞれの節目ごとに考察することとする。

　高塩技研の設立の起源は，社長の高塩吉治氏が15歳の頃に遡る。中学を卒業間近だった高塩氏は，当初地元の工業高校に進学する予定だったが，就職を希望していた友人2人が東京へ職場見学に行くという話が持ち上がり，教師から「高塩も一緒にどうだ」と持ち掛けられた。同行した高塩氏は，見学先の社長に東京観光をさせてもらったり，寿司をごちそうになったりし，「自分だけ就職しません。」と言うわけにもいかなくなり，寮に暮らしながらの東京生活が始まったという。

　就職先では工作機械の使い方を学び，機械作りの基礎を身に着けた。高塩氏が創業のヒントを得たのは，機械納入先の印刷屋での一コマであり，そこでは，長い原反にシールを印刷した後，職人がハサミを使って，シールを一枚一枚切り離して納品していた。納入先からは，「自動で裁断する機械があれば本当に楽になる。」との職人の話が高塩氏の心に響いた。当時，自動でシールを切る機械はあったが，構造が複雑で故障も多く，メンテナンスが大変であった。ましてや鋳物のため，重くて大きく，高価なものが大半だった。現場で聞いた顧客の声を生かそうと，高塩氏は現場の職長や上司に小さくて性能の良いカッターを提案したが，若き一工員の話は一蹴されてしまったのである。

　その後，自分なりのもの作りへのこだわりを追求しようと，高塩氏は約8年間勤めた会社を辞め，独立しようと一念発起した。高塩氏のスタンスは，仕事をするにしても大会社の下請けではなく，自分のオリジナルの製品を開発することにあった。客先で聞いた悩みを解決するための機械として，シールを自動でカットする「オートカッター」をまず作り始めたのである。生まれ故郷の栃

木県塩原町（現在の那須塩原市）に戻り，実家の納屋を改造した工場で一人，黙々と機械と向き合い，新しい製品づくりに取り掛かった。

2.2　オートカッターの開発と販売

さまざまな創意工夫と試行錯誤の中からオートカッターの初号機が完成したが，最初はなかなか販売に苦戦した。退社した古巣の先輩に相談したところ，「以前納品に行った会社にオートカッターを欲しがっていた会社があったが，あそこに売り込んだら」とのアドバイスをもらった。すぐに持ち込んだところ，「いい機械だね」とほめられたという。納入先の社長の素直な言葉に，高塩氏は安堵した。その後も会社員時代のつてを頼って各地の印刷会社に納入するようになった。途中から機械を扱ってくれる商社を紹介してもらい，会社は徐々に軌道に乗っていった。高塩社長は，私には営業のセンスはなかったが，本当に人の縁に救われ，今の会社があるのもそれらの方々の助けがあったからであると振り返っている。

図表 2-1 は，高塩社長が初めて製作したオートカッターであり，印刷したシール・ラベルを一枚一枚カットする機械である。写真は，マイナーチェンジした現在の形だが，基本的な構造はほとんど変わっていない。

図表 2-1　量産化したオートカッターの基本形

出所）高塩技研工業㈱資料により提供

図表 2-2 高塩技研工業㈱の会社概要

所在地	栃木県那須塩原市下田野 532 番地 165				
設立	1972 年（昭和 47 年）				
代表者	代表取締役　高塩吉治				
電話	0287-35-3920	資本金	1,000 万円	従業員数	21 名
事業内容	光学フィルム，シール・ラベル印刷，包装，新素材，医療器具などの素材の加工（主にスリット・カットダイカット）を行う省力機械の開発・製造。				
関連会社	ソルテック工業株式会社（製造・販売会社。1990 年 5 月創業，代表取締役　高塩竜太）				
社是	使いやすく，故障の少ないシンプルな製品創り。良い製品は，良い環境から。				

図表 2-3 高塩技研工業㈱の沿革

1972（昭47）年	高塩吉治が高塩製作所を創業。
	軽量コンパクトなシール印刷機連動カッター機を開発。
	シール印刷用連動カッター機を製造開始。
	シール印刷用巻取り機を開発。
1975（昭50）年	那須塩原市関谷に工場並びに事務所を移転・新設。
	ラベル用スリッター S-300 を開発。
1987（昭62）年	シートカッター W シリーズを開発。
1989（平成元）年	科学技術庁長官賞受賞（栃木県発明展覧会）「ラベルスリッター S-300 巻上げ軸紙管止め構造に対して」
	栃木県商工会連合会会長賞（栃木県発明展覧会）「帯状材料の所定箇所の通過検査装置に対して」
1990（平 2）年	現在の所在地に工場並びに事務所を移転・新設。
	販売会社としてソルテック工業㈱を設立。
	PT カッター W シリーズを開発。2 軸スリッター W シリーズを開発。
2001（平13）年	第 13 回科学技術振興功績者表彰「文部科学大臣賞」受賞。
2002（平14）年	3 ヘッドロータリーダイカッターを開発。
2003（平15）年	栃木県フロンティア企業に認証（栃木県）。
2004（平16）年	ロータリーアブソルダイカッターを開発。
2006（平18）年	レーザーカッターを開発。
	中小企業庁，経営革新計画事業に認証（レーザーカッター・シールラベル検査機）。
	シールラベル検査装置（SI-350X 高性能ハイスペック＆ハイエンドモデル）を開発。
2009（平21）年	栃木県より「ものづくり技術強化補助金」の交付（高性能かつ低コストなシールラベル検査装置の研究開発）。
	画像処理検査装置 SI400X を開発。

2011(平23)年	デジタル印刷機連動,巻上機一体型のロータリーダイカッターを開発。
	栃木県フロンティア企業に認証（栃木県）。
2013(平25)年	栃木県那須塩原交通安全協会より功労団体表彰を授与。
2015(平27)年	2軸ロータリーカッター W-450, W-1100を開発。

出所）高塩技研工業㈱の各種資料により作成

なお，図表2-2は，高塩技研工業㈱の会社概要をまとめたものであり，図表2-3は，高塩技研工業㈱の沿革を時系列で整理したものである。

2.3　新しいイノベーションの創造

　高塩技研は，創業から3年後の1975年に自宅の隣に小さな工場を立て，親族らと協力してオートカッターの本格的生産を開始した。同時期にシールやラベルを縦にカットし，巻き取る「スリッター S-300」を考案し，現在まで仕様の相違を含めて約3,000台以上を製造するヒット商品となった。同機械に使用する巻上げ軸紙管止め構造は画期的であり，高塩氏はこれにより1989年に科学技術庁長官賞を受賞している。

　1990年には現在の所在地に工場と事務所を移転し，この間，幅広い素材に対応するシートカッターシリーズ，スリッターの軸を増やした2軸スリッターシリーズなど，現在の主力商品を続々と誕生させている。また，シートカッターは1995年に刃の取り付け構造の発明で，関東地方発明表彰も受賞している。

　同社は，工場の移転後から従業員は約20人前後を維持している。多くの企業は創業後，規模や事業の拡大を目指すが，高塩氏はあえてこの人数で「ものづくり」にこだわり続けてきた。グローバル化が一段と進展する現代社会では，規模の拡大をしないのはむしろ勇気がいるともいわれるが，これ以上大きくするつもりはないという。20人程度であれば社員一人ひとりに目が行き届くし，逆境にあってもチームワークで乗り越えることができるとの想いで，高塩氏独自の組織マネジメントを展開している。

3. ユーザーサイドに立脚した製品づくり

3.1 高塩技研の製品づくりのコンセプト

　高塩技研の製品づくりのコンセプトになっている「コンパクトで使い易い機械の製作」は，創業期における高塩氏の経験が基本になっているといえよう。当時，ラベル印刷業界では，鋳物を使った大きな機械が多く，操作も大変であった。加えて，修理となればメーカー側の対応が遅く，納入先の生産体制にも影響を及ぼした。また，現場には女性従業員も多数おり，時には機械の操作で怪我をすることもあった。高塩氏の開発のベースには，機械はコンパクトでなければならず，機械が苦手な女性でもシンプルに扱えるべきという考えがあった。また，5年から10年も使えば必ず機械のどこかが傷むし，メンテナンスも必要になることから，製品の全体的なシステムは取り扱いが容易でわかりやすくしようというのがコンセプトである。そうした信念に基づいた同社の機械は，広い設置場所を必要とせず，操作は簡単で，角などに触っても怪我をしないよう，すべての部品は尖った角をやすりなどで落とし，丸みを帯びるように設計されている。図表2-1に掲載した初めて開発したオートカッターもコンパクトで，車に簡単に乗せられるサイズである。消耗品である刃の交換は，六角レンチ一本を使えば初心者でも取り外せる構造で，オートカッターは無駄の無い安全な構造であり，車のトランクにも十分入れるように工夫されている。

　さらに，メンテナンスが容易であることを象徴するエピソードがある。群馬県のシール・ラベル印刷会社からある日，「オートカッターが動かなくなった」と連絡があった。納入先からは，すぐに稼働を再開させないと製造が間に合わないと焦っていたが，高塩社長が機械正面にあるリレーを予備と交換すれば大丈夫ですと電話で指示するとすぐに稼働し，顧客から感謝されたという。簡単に修理できることは，顧客にとって生産時間の短縮，修理の依頼費削減というメリットがあると高塩社長は述べている。それは，自社の社員が故障の都度，出張対応しなくてよいため，機械作りに集中できるという利点もある。顧客の

ためになるものづくりは，結果として自社のためにもなり，目先の小さな利益にとらわれない高塩社長の開発哲学がそこにあるものと考えられる。

高塩技研は，人材育成にもこだわりを有している。社員は地元採用が中心で，いわゆる社長の知人や友人からの紹介による縁故で採用した社員も多い。あえて技術系学校の生徒を募集したわけでもなく，それでも今や一人ひとりが高い技術を持つ職人として会社を支えている。「焦らずじっくり育てるのが私の流儀」と高塩社長はいう。もの作りといっても，手先が器用な人もいれば，設計や頭で考え出すことが得意な人もいる。組織というのはいろんな個性の持ち寄りであり，誰であってもパーフェクトな人はいない。一人ひとりの得意なものを見つけ出し，それを生かしてあげることが会社の支えになる。社員の潜在的な能力を如何に導き出せるのかが経営力の差として現れるとの考えである。

図表2-4は，薄い素材を縦にスリットして巻き取る「スリッターS-300」であり，派生機械も含め，これまで約3,000台以上を生産している。当時の同様の機械に比べ，コンパクトに仕上がっている。図表2-5は，幅の広い素材をカットするシートカッターの外観写真である。さまざまなフィルムやシート加工の要望が増え，現在では販売額ベースで最も多く出荷される機械の一つであり，スリット機能やラミネート機能など，追加できるオプションは多数に上っている。

図表2-4 スリッターS-300　　図表2-5 最新型のシートカッター

出所）図表2-4及び図表2-5共に高塩技研工業㈱により提供

3.2 人材育成と独自のマネジメントの構築

　高塩技研には入社歴の長い社員が多く，今はあらゆる受注に対応できる「職人集団」(エキスパート集団) を形成している。しかし，同社の平均年齢は 40 歳を超えており，今後は如何にして新規の雇用を獲得し，次世代を担う社員 (職人) を育てられるのかが課題である。全国の例に漏れず，栃木県の有効求人倍率は 1.45 倍 (2018 年 8 月，宇都宮地区) と高い水準が続いており，今後もより一層の人手不足が予想される。[3] 栃木県内では今でも新規の工場建設が続いており，高校生や技術系学校の生徒の獲得競争が激化している。「うちの会社の魅力は設計から組み立てまで一貫して作り上げる体制であり，一から機械を作り上げる楽しさを PR し，一緒に働く仲間を募りたい」と話している。薄物加工で最先端を行く技術力を広く地元にアピールし，次代を担う技術者を確保することが急務である。

　一般的に経営学におけるコア競争力とは，企業が保有する有形・無形の経営資源を最大限有効に活用する「全社的な能力」のことである。[4] 高塩技研のコア競争力は，何といっても長年の業界からの信頼と地域密着で経営してきたことといえよう。つまり，自然と他社には真似のできない「差別化戦略」を潜在的に採用してきたのである。他方，自社内に経営資源が不足している場合には，

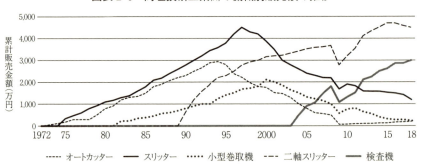

図表 2-6　高塩技研工業㈱の機械別販売額の推移

出所) 高塩技研工業㈱資料により作成

企業外部から調達する学習能力をも包含しており，同社における製品の躯体（枠組み）や部品を提供する会社とは今後とも提携関係を強固なものにしていきたいとしている。そのためには，社員が常に製品開発に対するモチベーションを高めながら挑戦する意欲を持ち，その力を発揮することができる体制を整えることが重要である。したがって，今まで以上に競争力の源泉となる「技術や技能」を製品開発に組み合わせ，競争力のある最終製品を生み出す総合的な能力の創成に結びつくことが求められている。

他方，2008年に発生したリーマンショックは，高塩技研とソルテック工業にも大きな影響を与えた[5]。販売会社であるソルテック工業は，対前年比で1億円以上売り上げを落とし，2億3千万円程度まで落ち込んでいる。それでも全社員が一致団結して徐々に売り上げを伸ばし，近年は4億2千万円前後で推移してきた。直近の2017年度は検査機等の販売が伸長したことで，売り上げは5億4千万円と過去最高額を更新したのである。

4．新たなビジネスモデルの構築とその創造

高塩技研が大きく転換したのは，1990年に自社の販売会社となる「ソルテック工業㈱」を立ち上げたことである。それまで，販売や営業は商社に依存する形であったが，自前の販売会社を立ち上げたことで，新規顧客から特注機の注文が増加した。それまではオートカッターを月に40台製造するなど，量産機の製造が主だったが，徐々に「ワンオフ機械」[6]の割合が増えていった。現在では約7割がワンオフとなっており，あらゆる顧客要望に応える機械メーカーとして存在感を発揮している。

さらに，この時期には，高塩社長の長男である竜太氏が大学の経営学部を卒業後に同社に入社し，会社にとってターニングポイントの一つとなった。営業を担当することになった竜太氏は，学生時代に培ったパソコン技術で自社のホームページをいち早く開設した。当時はネット黎明期で，検索エンジンも発達

していなかった。同業者からは「小さい会社がホームページを開設しても砂の中から一粒を見つけるようなものだ」と冷笑されたという。しかし，ネット社会の波が浸透するにつれ，ホームページ経由での問い合わせが増加し，「カッター」などの検索ワードで上位検索されるよう努力した。さらに，今までの関東中心の営業から，関西方面への展示会などにも出展するようになり，既存の商圏を超える営業努力によって顧客は全国に拡大していった。類型の取引業者は，北は北海道から南は九州まで，累計500社を超えている。竜太氏は，国内はもとより海外のどこでも顧客の求めがあれば必ず応える企業でありたいとの想いで営業を続けてきたと振り返る。

　竜太氏の入社による会社への恩恵は，営業面の強化だけではない。会社にとって最も大きかったのは，後継者の確保である。東京商工リサーチの調査によると，2016年に休廃業・解散した企業数は過去最多を更新している。その一方で，倒産件数は減っていることから，後継者難や人手不足など，人事の問題から自主廃業を選ぶケースが増加傾向にあるとみられている[7]。また，中小企業庁によると，今後5年間で30万以上の経営者が70歳になるが，6割が後継者未定だという。さらに，70代の経営者でも事業承継に向けた準備を行っている経営者は半数にとどまるなど，中小企業にとって後継者難は深刻な状況である[8]。

　そうした中，早期に後継者が決まった高塩技研は，将来の事業継続の可能性を憂慮することなく，安心して業務継続の展望を描くことが可能となったのである。2004年には次男の康孝氏が入社し，生産工学部で学んだ機械や電気の知識を，開発と営業の両面に役立てている。竜太氏は現在，同社の常務を，康孝氏は取締役を担っており，次代の経営者として日々尽力している。さらに，長女も法学部を卒業後，財務・法務の担当として会社に関わっている。加えて，長女の夫も結婚を機に地方の新聞社を辞めて高塩技研に入社し，総務・営業企画・経営管理全般を担当している。

　中小企業では事業承継に伴って経営陣が交代し，待遇や風通しの変化に慣れ

図表 2-7 巻出機～プレス機～巻取機の組み合わせ

出所）高塩技研工業㈱により提供

ず離職してしまう例がある。後継者自身も創業した社長の想いとのギャップや責任感に押しつぶされてしまうことがあり，スムーズな受け継ぎは難しい。この点，高塩技研では初代の意思をしっかりと受け継いだ2人が経営トップに就任したことで社員の安心感にもつながり，会社としてのスタンスが変わることなく続行できていることは，今後のものづくり中小企業の見本とでもいうべき存在であろう。高塩社長によると，仕事面では時折息子たちと意見が対立し，衝突も起こるが，暫くすると親子喧嘩みたいに何事もなかったようになるという。親子が研鑽し合う中から，新技術や新規事業が形づくられており，同社の経営力の創成の源泉にもなっていると思われる。

　その後も高塩技研は順調に業績を伸ばした。高塩社長は2001年度の第13回科学技術振興功績者表彰で，栄えある「文部科学大臣賞」を個人として受賞するに至ったのである。なお，図表2-7の写真は，巻出機～プレス機～巻取機を組み合わせたシステムの一例である。同システムでは，基本となる素材を巻き出し，途中で別の素材を貼り付け，それをプレス機で型抜きして製品を巻き取る，という一連の作業が可能となる。こうした機械の組み合わせの豊富さが，高塩技研の大きな強みの一つであると考えられる。

5．製品に対する国内外からの評価

その一方で，順調に歩みを続けてきた同社に大きな事件も発生した。販売を依頼していた埼玉の企業が，高塩技研を代表する「オートカッター」の模造品を他社に依頼して製造，販売していたことが発覚した。財務を預かっていた社長の妻は，うちの機械を模倣して高塩技研を潰してやろうという意思が明らかであったと振り返る。模造品の製造が明らかになった後，高塩社長は法的措置を講じ，賠償金の支払いを求めたが，完全な製造の中止にまでは至らなかった。

信頼していた企業の「裏切り」とも取れる行為にショックを受けた高塩社長だったが，逆境にめげず新たな機械製造への取り組みを開始した。当時，取引していた四国のシール・ラベル業者から，「アブソルダイカッター」の製造を打診された。これは，シールの抜き加工を高速に行う機械で，高塩社長にとっても初めての挑戦であった。完成したアブソルダイカッターは顧客の要望に十分に応えられるスペックに仕上がり，業界でも評判になった。当該機械は今も多くの受注があり，ソルテック工業を代表する機械の一つとなった。その後も「レーザーカッター」，「画像処理検査機」など新たな機械の開発に着手した。上述した埼玉の企業は模造品の販売を続けたが，ソルテック工業は「オートカッター」や「スリッター」のみに頼らずに経営できる商品群を揃えたことで，新たな顧客を開拓することに成功したのである。

会社の顧客は長らく，シール・ラベル業界の企業が主であった。ITの発達で印刷業界の売り上げは減少傾向にあるものの，その中でもシール・ラベル印刷はコンビニ向けラベルや品質管理用ラベルが伸び，僅かではあるが拡大している市場でもある。しかし，一業界に頼っているだけでは会社の発展は限定的であった。

創業以来，ラベル印刷の業界で培われたのが，「素材を所定の形に切る，打ち抜くという技術」である。印刷されたシールをカットする時，台紙まで切らないで紙部分だけを切り抜く精度が必要であり，ミクロン単位を微妙に打ちぬ

く技術はさまざまな分野に必要とされている。

　高塩技研は最近，薄物素材のあらゆる加工製品に対応するという売り文句で，フィルムなど各種薄物素材の展示会にも積極的に出展している。それまで扱ったことのなかった素材の加工にもチャレンジし，自動車部品や携帯電話用液晶フィルムの製造過程にも機械が導入されるようになっている。こうした成果が実り，ここ数年はシール・ラベル業界以外からの受注が大半を占めるようになったのである。

　同社は，今まで培ってきた技術で企業からの注文に幅広く対応できる体制が整っており，とりわけ特注機の注文が多い。特注機は，一品物とあって大きな受注価格が見込めるのが利点である。今期の最高益更新も，こうした新分野の開拓がもたらした結果ともいえよう。こうした分野に加え，航空宇宙産業の部品製造や，食品用包装の新素材開発を担う機械の受注も舞い込んでいる。

　今後の課題は，「財務管理の見直し」と「新技術の開発」である。これまでの高塩技研は，技術の新しさや景気の波にも助けられ，成長を続けることができた。しかし，今日経営者の勘に頼る時代は終わり，市場競争は一段と激しくなっている。中国や新興国などで，ある程度技術を有すると，簡単に模倣されてしまう。顧客に求められる機械を作るのだけではなく，自社の特許やノウハウを生かし，既存製品と差別化を図った技術をいかに業界に打ち出していけるのかが求められるのである。

　その一方で，価格面では特に弱さが露呈する部分がある。すでに述べたように，高塩技研とソルテック工業は，それぞれの強みを生かして新たな経営戦略を構築しなければならない。近年ではワンオフの特注機が増え，価格を下げるために必要な大量仕入れ，大量販売という戦略がとりづらくなっている。ワンオフの特注機では，外注先からある一定金額の前払いが要求されるため，製造段階で常に材料費の負担が先行する。このため，資金面での懸念も生じている。

　同社は，2018年から生産管理ソフトを導入した。購入部品や外注部品，部品素材の原価を正確に把握し，適正な利潤を確保することが目的である。かつ

て同社では，何度か原価管理に挑戦したが，社員の不足などで頓挫した経験がある。企業としてはどうにか利益を出していたが，適正な価格設定ができていた保証はなかった。また，納期に追われることで見積もりができないままの部品発注が何度もあった。今年からは専門社員を配置し，企業の儲けに繋がる数値を厳密に管理し，さらに利益を確保することで，投資が必要な分野を開拓していくのが狙いである。

現代の企業経営は，国内外においてさまざまな環境変化に直面しており，商品やサービスのイノベーションを絶え間なく実行していかなければすぐに陳腐化してしまい，マーケットから淘汰されてしまう。したがって，企業が有する経営資源や組織能力を計画的かつ創発的に導き出し，常に改善し向上を図らなければならないのである。高塩技研とソルテック工業の「潜在能力」と「相乗効果」（シナジー効果）を引き出すことが何よりも肝要である。

なお，図表2-8は，アブソルダイカッターの写真である。同製品は，自社の機械を他社がコピーして販売されるという経営の危機に際して，高塩社長が考案したアブソルダイカッターである。この機械は，間欠的な動作で素早く型抜き加工ができるとあってヒットし，今も引き合いが多く，会社の経営を支えた一台といえる。

図表2-8　アブソルダイカッター

出所）高塩技研工業㈱により提供

6．今後の課題と展望

　今まで高塩技研の優れた技術開発と高塩社長の体験から生み出された独自の組織マネジメントを考察してきた。とりわけ技術面では，これからの時代に適合した新技術も取り組んでいくことが要請されている。深刻な人手不足や人材不足に伴い，ものづくりの現場ではこれまで以上にロボット化やIoTを活用した省力化が叫ばれるようになっている。ロボット産業やラインに組み込むIoTを活用した機械の製造には，まだまだ研究の余地が残っており，一層の注力が必要となってくるであろう。

　薄物加工業界ではレーザーを使った加工が普及してきている。かつて，高塩技研ではレーザー加工機の開発に携わったこともあったが，会社で現在販売している機械は主に金属刃によるカットである。レーザー加工機は高価で，カットの仕上がりや加工精度に課題があったことから，長らく市場で敬遠されてきた。近年は仕上がりも美しく，価格も従来から抑える機械が出現している。しばらくは金属刃によるカットが主流を占めると思われるが，将来的な変化も見据えつつ，レーザー加工分野に参入するのか，金属刃による加工を突き詰めるか，具体的な対応策が必要となってきている。

　同社のいくつもの危機を救ったのは新技術の開発であり，拡大を手助けしたのは新分野の開拓であった。高塩技研とソルテック工業が今後も業界のトップランナーであり続けるためには，絶え間ないものづくりへの独自の挑戦と，経営力創成への取り組みが不可欠である。「私も70歳になったのでこれからは息子たちに会社を任せたいと思う。」と高塩社長はいう。しかし，高塩技研の原点は顧客対応のきめ細やかさであり，顧客の声を聞いた提案や技術を今後とも提供できる強固な体制がさらに必要であるとの認識を示している。高塩社長は一線を退いた後も，常に顧客の声に耳を傾けられる技術者であり，経営者でありたいと願っている。そのためにも，社員や息子たちに対して自ら率先して役に立てるよう尽力したいと考えている。高塩技研とソルテック工業には，"小

粒でもキラリと光る製品づくり"を今後とも目指して欲しい。高塩技研の特殊の技術を生かした製品づくりを支えたのは，徹底した家族経営を貫いたことである。技術畑の社長を家族が常に支える組織マネジメントは，今後の日本のものづくりの原点になるのではないかと思われる。　　　　　　　　（石井　晴夫）

注

1) デビッド，J.ティース著，谷口和弘・蜂巣旭・川西章弘・ステラ，S.チェン訳（2013）『ダイナミック・ケイパビリティ戦略』ダイヤモンド社，参照。
2) 筆者は，2018年7月及び8月の2回にわたり高塩技研工業㈱へヒアリング調査を実施した。同社の高塩吉治社長はじめ長男の竜太常務，次男の康孝取締役，長女の夫で同社総務企画部長の高橋尚義氏から詳細な説明と資料の提供を受けた。ここに深甚なる感謝を申し上げたい。
3) 厚生労働省栃木労働局調べ。https://jsite.mhlw.go.jp/tochigi-roudoukyoku/jirei_toukei/_81853/chiiki_kyujin_bairitsu.html
4) 石井晴夫・樋口徹（2018）『組織マネジメント入門（第二版）』中央経済社：73-77参照。
5) 2008年9月15日に，アメリカ合衆国の投資銀行であるリーマン・ブラザーズ・ホールディングス（Lehman Brothers Holdings Inc.）が経営破綻したことに端を発して，連鎖的に世界規模で金融危機が発生した。
6) ワンオフ（one off）とは，機械の1台1台に対して顧客の注文が異なり，製造する機械は特注品（専用品）となる。
7) 詳しくは，東京商工リサーチのWebsiteを参照されたい http://www.tsr-net.co.jp/news/analysis/20180115_01.html（2018年12月15日閲覧）
8) 中小企業の事業承継については，中小企業庁のWebsiteに詳細な分析が行われているので参照されたい。http://www.chusho.meti.go.jp/pamflet/hakusyo/H25/PDF/0DHakusyo_part2_chap1_web.pdf
9) 企業が有する経営資源や組織能力を計画的かつ創発的に導き出す戦略を一般的に創発戦略という。企業内には，全社戦略，事業戦略，機能別戦略などがあるが，今日では内外の経済・経営環境の変化に対して，弾力的かつスピーディーに対応する創発戦略が重要性を帯びている。

参考文献

石井晴夫・樋口徹（2018）『組織マネジメント入門（第二版）』中央経済社
石井晴夫・宮崎正信・一柳善郎・山村尊房（2015）『水道事業経営の基本』白桃書房

石井晴夫・金井昭典・石田直美 (2008)『公民連携の経営学』中央経済社
石井晴夫編著 (1996)『現代の公益事業：規制緩和時代の課題と展望』NTT 出版
石井晴夫 (1995)『交通産業の多角化戦略』交通新聞社
岩井克人・小宮山宏編著 (2014)『会社は社会を変えられる』プレジデント社
大﨑孝徳 (2016)『すごい差別化戦略』日本実業出版社
大滝義博・西澤昭夫編著 (2014)『大学発バイオベンチャー成功の条件』創成社
中小企業庁編 (2018)『中小企業白書 (2018 年版)』
東洋大学経営力創成研究センター編 (2017)『スモールビジネスの創造とマネジメント』学文社
内閣府ホームページ　http://www.cao.go.jp/
経済産業省ホームページ　http://www.meti.go.jp/
中小企業庁　http://www.chusho.meti.go.jp/
総務省ホームページ　http://www.soumu.go.jp/
国土交通省ホームページ　http://www.mlit.go.jp/
その他，関連するホームページ

第3章
タイにおけるもの作り SMEs の組織化
― Thai Subcon の形成と展開 ―

1. はじめに

　タイは岐路に直面している。カンボジア，ラオス，ミャンマー，ベトナム（CLMV 諸国）といった周辺諸国がタイに代わって先進国からの直接投資（= Foreign Direct Investment, 以下 FDI という）を積極的に受け入れて経済発展を遂げつつあるなか，「上位中所得国」（末廣　2014：92）に到達したタイが労働集約産業において低コストを誘因とした FDI の誘致拡大によって経済発展を実現することは不可能になった，といえるからである[1]。タイ政府もこうした現実を踏まえ，その経済発展政策を大きく変更することになった。実際，2013 年から施行された「新投資戦略 2013-17」において，労働集約産業が除外された点は「画期的であった」と高く評価さたのである（末廣　2014：148）。

　とはいえ，他方で電機・電子や自動車など高所得国における基幹産業の形成に向けた「タイ企業の参入はほとんど期待できない」とも指摘されていた。結果として，タイは，「国内資源を有効に利用できる」産業を追求し，「高所得国への移行」を止めて，「社会の安定を獲得すべき」ことが提言されたのである（末廣　2014：150）。言い換えれば，低所得国から高所得国への段階的経済発展を目指す「キャッチアップ型工業化」過程における踊り場，ないしは通過点として「中所得国の罠」[2]を捉えるのではなく，中所得国という現実を受け入れ，中所得国における課題解決に向かうべきだ，と提言されていたといえる。

　だが，この「新投資戦略 2013-17」は，バンコクと地方の格差を埋めることはできなかった。むしろ，メーホーソンなどの北部や東北部の最貧県においては，バンコクとの地域格差を拡げてしまったのである（『日本経済新聞』2018 年

第3章　タイにおけるもの作りSMEsの組織化　35

図表3-1　タイランド4.0におけるSカーブの転位戦略

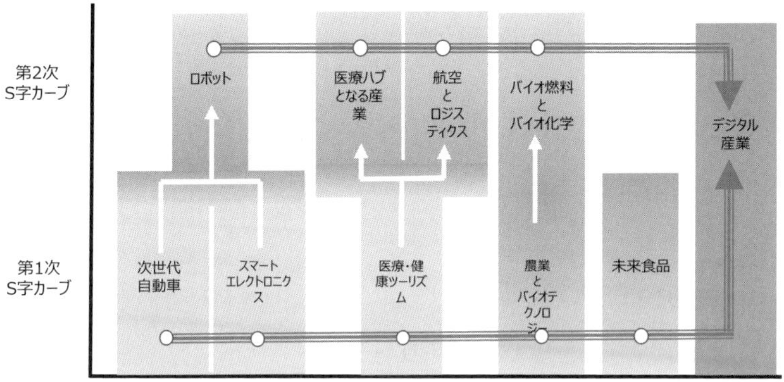

第2次S字カーブ：ロボット／医療ハブとなる産業／航空とロジスティクス／バイオ燃料とバイオ化学／デジタル産業

第1次S字カーブ：次世代自動車／スマートエレクトロニクス／医療・健康ツーリズム／農業とバイオテクノロジー／未来食品

出所）大泉（2017）：98

5月23日朝刊）。それゆえ，「第12期国家経済社会5ヶ年計画（2017-2021）」（NESDB 2016）では，貧困層を減らし，地域格差を是正するためにも，「中所得国の罠」を脱却し，高所得をもたらす新たな基幹産業の形成とその成長を目標に掲げることになった。「タイランド4.0」の策定と実施である（図表3-1）。末廣（2014）が高く評価した「タイらしさ」に基盤を置く中所得国としての安定成長ではなく，世界レベルの競争力を獲得するため，R&D投資を増やし，イノベーション創出に大きく舵を切るなど，あらためて「キャッチアップ型工業化」政策が採用されたといっても過言ではない[3]。

ただし，「キャッチアップ型工業化」政策の復活とも看做しえる「タイランド4.0」については，末廣（2014）が指摘した点とは異なる懸念も禁じ得ない。90年代に発展した電子産業において，優れた企業家のもと急成長を遂げていたタイの半導体前工程企業が97年のアジア経済危機の中で行き詰まり，企業再生できないだけでなく，新たなタイ企業の参入や成長も見られなかった（西澤　2016）。また，「アジアのデトロイト」を目指す自動車産業においても，その組立メーカーは日米欧などからのFDIが占めており，部品メーカーも未だキーコンポーネントの製造を担うことはできてはいない，とも指摘されていた

からである（土田　2007）。

　こうした現状が続く限り，「タイランド4.0」を達成することはできないのではないか。ここで問われているのは，電機・電子産業や自動車産業など，政策的支援対象となる国際競争力を持った既存の技術体系（＝第1次S字カーブ）のみならず，「高所得国」への転位を可能にする次世代技術体系（＝第2次S字カーブ）を如何に習得するか，であった（Foster 1986：101-104）。すなわち企業レベルにおける「社会的能力」の獲得可能性にあった，といえる[4]（高林　2006：5）。この課題が解決されない限り，「タイランド4.0」は画餅に終わりかねない。

　かつて1960年代，一人当たりGDPにおいてタイなどのアセアン諸国と同等の地位にあった韓国と台湾は，70年代から急成長を遂げ，90年代には高所得国に到達した。この違いをもたらした原因は，地政学的な地位から要請された国家政策を受け止め，自国企業が「社会的能力」を獲得しえた点にあった。すなわち，70年代以降，韓国と台湾では，輸入代替から輸出指向へという政策転換に応じて，自国企業がこの政策転換を活かしつつ成長を遂げることができたのである。

　これに対してタイにおいても，FDI誘致を進めつつ，輸入代替から輸出指向へと変化させようと試みたものの，その政策対応は不十分であり，タイ企業に国際競争力の獲得を求める厳しい政策は採用されなかった[5]。この政策対応の差異[6]が，韓国や台湾においては自国企業による「社会的能力」の獲得に向かったのに対し，タイではFDI依存から脱却できなかった原因だといえよう（Ohno 2009：4-5）。このようなタイにおける不十分な政策対応が，優れた企業家による半導体前工程への参入，という試みをも頓挫させることになったのである（西澤　2016）。

　タイにおける政策対応のこうした欠陥を認識して，日本政府の支援のもと，タイ企業の「社会的能力」獲得に向けた産業政策を初めて採用したのがタクシン政権であった（Phongpaichit & Baker 2009）。だが，「社会的能力」の獲得は政策だけで実現できる訳ではない。「社会的能力」の担い手は民間企業であり，

とりわけその多数を占める中小企業（以下SMEsという）がFDIによって移転された高度な技術を自発的に吸収し，独自に深化・拡充させる能力を獲得することが不可欠だったからである。タクシン政権の新たな政策を受け止め，これを自らの課題とするSMEsの自発的な活動なくしてタイ企業，とりわけSMEsの「社会的能力」の獲得は不可能だといえる。

現在，The Association of Industrial Subcontractor in Thailand（以下Thai Subconという）として，500社にのぼるタイのもの作りSMEsを組織化しつつ，国際競争力を持ったもの作り能力の獲得のみならず，そのグローバルな活動を行ううえで不可欠な経営・マーケティング・購買・情報システムなどの整備・構築を支援するタイのもの作りSMEs団体がある。その活動は「タイランド4.0」を先取りする成果を生み出していた。本章では，Thai Subconの形成と展開を検討することを通じて，「中所得国の罠」を脱却する上で不可欠となるSMEsの「社会的能力」獲得に向けた具体的な内容やプロセスを解明しつつ，タイにおける「キャッチアップ型工業化」の可能性とその重要な担い手であるSMEsの企業家達の活動の意義などを明らかにしたいと考えている。

2．「中所得国の罠」の原因

1960年代まで一人当たりGDPで見た時，1960年代まではほぼ同一水準にあった韓国，台湾，タイ，マレーシア，インドネシアから，韓国と台湾が急成長を遂げるなか，タイ，マレーシア，インドネシアはその成長に追い付いてゆけず，1990年代には大きな経済格差を生じさせることになった。韓国と台湾は，この間に輸入代替を進め，電機・電子や自動車などの高所得国の基幹産業において自国企業を担い手とした輸出指向型経済へと大きく変身しえたのである。自国企業を担い手にした輸出指向型経済に変身したことにより高所得国に到達しえた韓国や台湾に比べて，タイにおいても電子機器や自動車の輸出比率は高くなっていた（図表3-2）。だが，その担い手はタイ企業ではなかった。結果と

図表3-2 タイの輸出品目別内訳（2017年）

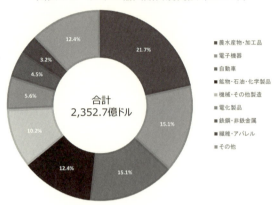

出所）タイ中央銀行資料より筆者作成

して，タイにおいては自国企業が高付加価値創出の担い手にはなりえず，高所得国には到達できなかったのである（Ohno 2009：5）。

　大野（2013）は，低所得から高所得国に転位する過程を4段階に区分して，各段階の特徴と段階移行の必要条件を提示した（図表3-3）。このなかで第2段階から第3段階に移行する過程において「見えない壁」が存在しており，これを「中所得国の罠」と規定したのである。ここで「見えない壁」を突破する必要条件は，高所得国において基幹産業を形成した基盤技術を「内部化」する「社会的能力」であった。Ohno（2009）は，「社会的能力」の実体を具体的に示すため，製造業部門に限定しつつ，最重要な技術の内部化として，先進国企業が求める部品の品質を担保しえる「金型の内製化」能力に注目している。この視点から，SMEsを中心に自国企業に対して「金型の内製化」能力の獲得を支援せず，FDI誘致に重点を置いたタイやマレーシアの政策的不備が指摘されたのである（Ohno 2009：13）。

　だが，こうしたFDI誘致を優先し，自国企業による「金型の内製化」能力の構築支援に向かわない政策的不備については，FDIが大きな機能を果たす

図表3-3 キャッチアップ型工業化の諸段階

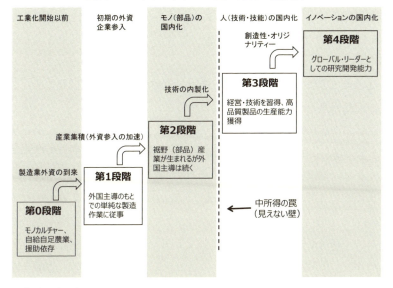

出所）大野（2013）：286

「戦後型後発工業化」の性格と，先に指摘したような韓国，台湾とタイとの政策差異をもたらした地政学的条件を無視することはできない。高林（2006）は，アジアにおける工業化に対し，「戦前型後発工業化」と「戦後型後発工業化」の二類型を指摘する。「戦前型後発工業化」においては，輸出依存度が低いまま，輸入依存度を急速に低下させたのに対し，「戦後型後発工業化」は，先進国から資本財や技術の導入が容易になったことから，輸入依存度が高いまま，輸出依存度が高まるという特徴を示したのである。これは，戦前には見られなかった戦後におけるFDIによる投資効果であり，結果として「中所得国」までの到達は比較的容易になったといえる。

「戦前型後発工業化」モデルとなる日本は，FDIに依存できず，独自に資本財を創造し，それを活用する「社会的能力」を独力で獲得せねばならなかった。この経験がフルセット型産業構造と「高所得国」到達を可能にする高い技術力

をもたらしたといえる（カッツェンスタイン　2012[7]）。だが，「戦後型後発工業化」モデルにおいては，FDIを誘致することによって，輸出構造の急激な変化が生じ，「キャッチアップ型工業化」が実現できるかのような成果を示しえたのである。

とはいえ，急激な変化を示した工業製品の輸出の担い手が問題であった。ここで，FDIから自国企業への転換がなければ，工業化がもたらす高付加価値の自国における収受が不十分となるだけでなく，輸出指向を通じた高所得への転位もできず，「中所得国の罠」に陥ることになる。言い換えれば，「中所得国の罠」とは，輸出指向を可能にする「社会的能力」を自国企業が獲得できず，高所得国への「見えない壁」を突破できないことだともいえる（高林　2006：11-12）。

確かに「戦後型後発工業化」においてFDIが果たした役割は大きく，タイ，マレーシア，インドネシアなどがその誘致策を継続・拡大したことを一概に非難することはできない。FDI誘致策を転換するには，韓国や台湾の事例で指摘したような，大きな外的要因が不可欠だったからである。実際，韓国と台湾がFDIから輸入代替に転換した外的要因としては，体制の異なる隣国との競争という歴史的な地政学的条件が作用していた。これら両国は，FDIに依存しつつも，自国経済の自立と競争力強化に向け，FDIから自国企業への転換を可能にする「社会的能力」の獲得が政策課題になっていたのである（谷光　2002：184）。

換言すれば，FDIを通じた「キャッチアップ型工業化」は「戦後型後発工業化」にとって不可避な成長戦略であり，かつ有効な工業化政策だったといえる。だが，FDIに依存し続けるだけでは，「中所得国の罠」の脱却に向け，経済成長の担い手を自国企業に転換するための「社会的能力」を獲得することはできない。この転換には，韓国や台湾の事例にみられた外的要因と，それを受け止め，自国企業の支援策を策定・実施する国家の強い関与と，この政策転換を受け止める企業家の対応が不可欠だったのである（Ohno 2009：13）。

タイにおいて，こうした転換をもたらしたのは，1997年のアジア経済危機であった。アジア経済危機後のタイでは，経済再生に向けて，ワシントン・コンセンサスに従うIMF・世界銀行を中心とする金融引き締めと市場メカニズムを重視した構造調整策に対し，国際競争力の強化に向けた介入主義的産業政策を主張する日本政府の支援との綱引きのなか，タイ政府自体も分裂していた，と指摘されている（大辻　2016：53-58）。こうした混乱のなか，1999年には，日本が主張したSMEsの国際競争力強化を重視するタクシン・チナワットが率いるタイ愛国党が，「起業家精神と国内工芸の遺産とハイテクノロジーとを結合させることでタイを経済的に復活させることができる中小企業の政党」として，急拡大を遂げ始めていた（ポンパイチット・ベーカー　2006：586）。Thai Subconの前身となるSubcontracting Promotion Club（以下SPCという）はこうした時代背景のなかで創設されたのである。

3．Thai Subconの形成と展開

　SPCは，アジア危機後の1999年に自動車産業の下請け部品メーカーのSMEsの企業家[8)]が集まり，生き残りに向け，相互支援のもと，発注先企業の意向を聞き，自社の製品の品質向上により，発注ニーズに合わせた部品の供給レベルの向上を図ろうとして創設された。この先進的活動が，2003年，産業分野の拡大や会員企業の増加などを踏まえ，Thai Subconに発展したのである（Thai Subcon Association 2017：55）。
　SPCは，アジア経済危機のなかで露呈されたタイにおけるもの作り能力の欠落，特にSMEsの「社会的能力」の欠落を埋めるべく，タイの自動車部品下請けメーカーのSMEsの企業家たちが創発的に組成・活動し始めた「社会的能力」獲得団体だといっても過言ではない。1980年代以降に流動化が生じた官僚主導体制が受益者ニーズに合わなくなており，ギャップが生じていたことも指摘されていたが（末廣・東　2000：45-46），アジア経済危機によりその点

が明白になり，受益者とはなっていなかったSMEsの企業家による創発的「社会能力」獲得団体が形成された点は画期的だと評価できる。

　タイにおける自動車産業は，60年代の輸入代替策によるCKDの促進などを通じ発展の契機が与えられたが，輸入部品の増加から貿易赤字が拡大するなか，70年代にはローカルコンテンツの実施による自動車部品産業育成策に転換されつつあった。自動車部品産業育成策の導入を受けて日系自動車メーカーと大手部品メーカーがタイ国内に生産拠点を設けるなか，タイの大手部品メーカーはTAPMA（Thai Auto-Parts Manufacturers Association）を設立し，ローカルコンテンツの引き上げなどを政府に働き掛けたのである。[9]だが，その狙いは，生産能力の向上というよりは，優遇策を得ることに置かれたため，結果として，非効率な生産体制を温存したにすぎず，タイの自動車産業の発展には寄与しなかった，と指摘されている（東　2000：145-47）。

　実際，タイに進出した日系部品メーカーが，製造技術と品質管理技術を数値化した評価によれば，当時「日本を10とした場合，ASEANは3～4の力しかなかった」（川邉　2011：143）のである。タイ政府が長年実施してきた自動車部品産業育成に向けたローカルコンテンツ政策は，国際競争力を持たない部品メーカーを保護・育成したにすぎなかった。アジア危機はこうした実態を白日の下に晒し，経済危機脱出に向け外資系自動車メーカーが輸出増加へ戦略転換を図るなか，品質基準を満たさないタイの自動車部品SMEsは切り捨てられたのであった。

　こうした背景のもと，日系自動車メーカーから切り捨てられたことに強い危機感を持った10数社のタイの自動車部品SMEsの企業家達が集まって，急減した受注を相互融通して生き残りを図ることを目的としてSPCは設立されたのである。さらに，団結することで政府に働き掛け，実効性のある支援策を引き出すことにも注力した。この活動は同様の危機感を持った自動車部品SMEsにも急速に拡大して，SPCは100社が加盟するSMEs団体として形成されたのである。それまでタイのSMEsは競争ばかりで協力することはないと指摘

されていた。だが，97年の経済危機はSMEsの企業家に大きな意識変化をもたらし，創発的に協力しつつ自力更生を図る動因となった点は注目すべき変化だといえる。

　上述したように，97年危機からの経済再生策に関して，当時のタイ政府は分裂していた。この時，BOIと工業省は，日本政府が助言したサポーティング・インダストリーの強化拡充に向け，SMEsの競争力強化支援策を策定・推進することになるが，その背景にSPCの形成と支援に向けた活動が有った点はこれまでの研究では殆ど無視されていた。だが，事実は異なっていた。実際，BOIは，SPCの形成を受け，タイにFDIを誘致するに際して，SPC加盟企業を紹介しつつ，SPC加盟のSMEsの受注増加を支援したのであった。また，工業省は，新技術の習得に向けた人材育成にSPCの意向を尊重しただけでなく，日本政府が実施するJAICAやAOTSなどの人材育成プログラムへのSPC加盟SMEs従業員の参加を積極的に支援するなど，SPC加盟のSMEsの競争力改善に大きく貢献していたのである（Saensomros氏インタビュー）。

　SPCはタイのSMEsの企業家達が創発的に設立した団体であり，実効性のあるSMEs支援策の策定と実施に対して大きな役割を演じたのである。BOIも工業省も，日本政府の助言や政治家の働き掛けだけだったなら，こうしたSMEs再生支援策を積極的に採用することは難しかったのではなかろうか。100社を超えるタイの自動車部品SMEs団体であるSPCが支援の受け皿になったことが政策の正当性と実効性の根拠となっていた点は注目すべき成果だといえる（Saensomros氏インタビュー）。

　SPCの形成とその活動は危機意識を共有するタイの自動車部品SMEsの企業家達に伝播し，2003年にその加盟社数は300社にまで増加した。SMEsの競争力強化に重点を置くタクシン政権の成立のもと，工業省を中心にしてSPCの意向を受け入れつつ，SMEs支援策を拡充・強化する政府の支援体制が構築され始めていた。SPCは，タイの自動車部品SMEsを代表する団体となりつつあった。そのため，対外的にも信頼性を得て，さらに実効性の高い組織

的活動を継続・拡大するため，タイ自動車部品 SMEs の企業家達による私的な Club 活動ではなく正式な Association 活動であることを明確にするため，その名称を SPC から Thai Subcon に変更したのである。

4．Thai Subcon の活動と成果

2003 年加盟社数が 300 社を超えた時点において，SPC は Thai Subcon に名称変更された。この名称変更に合わせて，組織構造も拡充・改組されたのである。先ず加盟 SMEs を金属，プラスチック，ゴム，電機・電子の 4 業種に区分するとともに，大・中・小の規模別に区分した。この組織改革の狙いは，業種別の技術，製品，素材など，それぞれの特性に合わせた専門性を高め特有の支援策を提言する基盤を構築するとともに，規模別に異なるニーズに合わせた支援メニューを提示できるよう，政策提言能力の向上を目指す点にあった。いうまでもなく当時の Thai Subcon 自体には直接的かつ十分な支援能力が無かったため，政府に対し業種や規模に対応した実効性の高い支援メニューを提言・実施して貰うことを通じて，加盟各社に実質的な支援効果をもたらすことに活動の重点が置かれたのである。

たとえば，当時のタイ SMEs において重要な課題となっていた ISO 取得についていえば，これまでも ISO 取得促進に対する助成支援は行われていたが，小規模企業では，業務プロセスの整理などの準備作業が必要になっていたにもかかわらず，そうした実態に即した具体的な支援は行われなかった。結果として，単なるバラマキ支援に終わり，ISO 取得実績が向上することはなかったのである。だが，Thai Subcon が仲介することで，業種や規模による支援内容が異なることが明確にされ，実態に即した効果的な支援策が実施されることにより，ISO 取得企業が増加するといった具体的成果が上がり始めたのであった（Saensomros 氏インタビュー）。

現在，Thai Subcon は 500 社が加盟するタイのもの作り SMEs を代表する団

体となっている。これまで，BOI，工業省に加え，商務省の支援も受け，日欧 ASEAN などにおいて，技術の展示・商談会を積極的に行うことによって，自動車部品以外の産業機械，医療器具，精密機器，ロボット，航空機メーカーなどとの取引実績を上げるなか，品質を大きく向上させつつ，Global Value Chain（以下 GVC という）に直接参加できるほど，高い部品供給能力を獲得してきたのである。こうした部品供給能力の向上・拡充に伴い，自動車部品の依存割合は低下し，かつてのように自動車メーカーの不振が直接大きな打撃を与える構造からの脱却を実現することもできた。実際，Thai Subcon 副会長であり，Thai Subcon の形成と展開を主導してきた P Quality 社の自動車部品依存割合は 40％程度であり，残りは産業機械，医療器具，精密機器，航空機部品などとなっている（Saensomros 氏インタビュー）。

　Thai Subcon は，こうした業種の拡大と GVC に直接参加できたという実績を踏まえ，最近ではその業種区分を次世代自動車，スマート電子機器，ロボット，バイオテク支援機器，デジタル機器，医療器具，航空機，農産物食品加工など 14 業種に区分し（Thai Subcon 2017：56），それぞれの技術特性に即した次世代技術力の獲得と向上，高度な人材育成，グローバルな市場拡大など，政策的支援を効果的に活用しつつ，加盟企業の能力向上と業績向上に大きく貢献しつつある。

　このように Thai Subcon は，1997 年の経済危機を契機として覚醒されたタイの自動車部品 SMEs の企業家達が自立して再生を図る団体として形成・展開され，大きな成果を上げてきたといえる。しかも，危機からの再生だけでなく，政府機関の支援を受けつつも，日欧などで技術展示・商談会を行い，タイに進出する FDI に対する部品供給だけでなく，GVC に参加するという実績をも示し始めていたのである（Saensomros 氏インタビュー）。

　アジア経済危機によって挫折したハイテク産業形成というタイにおける企業家活動が，一部とはいえ，Thai Subcon の展開を通じ，次世代自動車，スマート電子機器，医療器具，ロボット，航空機などといった，ハイテク産業の

GVC に参加できる SMEs を創出し始めていたといえよう。実際, GVC 参加は, グローバルな企業家活動を必要としただけでなく, 加盟各社に高度かつスピード感のあるもの作り能力の獲得を促し, 金型の内製化を可能にするための技術者の育成など, SMEs の「社会的能力」の獲得を目指す契機ともなっていたのである (Chaypum 氏インタビュー)。

以上のように Thai Subcon は, タイのもの作り SMEs の「社会的能力」獲得には不可欠の団体になっていたといっても過言ではない。同時にこうした SMEs 団体の形成と展開にとって, グローバルな企業家活動が不可避になっていたともいえる。タイにおいては, 1997 年経済危機に触発された自動車部品 SMEs の企業家達が SPC を形成し, Thai Subcon へと展開させることを通じて, タイの自動車部品 SMEs は GVC にも参加できる「社会的能力」獲得へと進化しえたのである。結果として, 現在, タイにおける自動車部品生産は東アジアの分業構造において国際競争力を持ち始めたことも指摘されていたのである (池部・藤江 2016 : 276)。

5.「中所得国の罠」脱却の条件

タイ経済は, 1997 年の経済危機以降, かつてのような高い成長率を回復できていない。事実, 1961 〜 90 年までの GDP 年平均成長率 7.7％に対して, 1991 〜 2010 年 4.6％, 2011 年以降は 3.1％ にまで減速していた (図表 3-4)。結果として, タイにおいては, 2010 年には「上位中所得国」に到達した時点から, 成長力が大きく鈍化したことによって, 地域間所得格差も拡大するなど, あらためて「中所得国の罠」が懸念され始めたのである (NESDB 2016 : 8-12)。

こうした 90 年代以降のタイ経済に象徴されるような途上国の成長鈍化に対し, 現段階において発展途上国が採用すべきではないとされる「介入主義的な貿易・産業政策」こそ, かつて先進国が発展途上国時代に採用した経済政策であったことを証明した H・チャンは, 先進国の研究者や政策担当者が推薦する

図表 3-4　タイの GDP 成長率（1961 〜 2017）

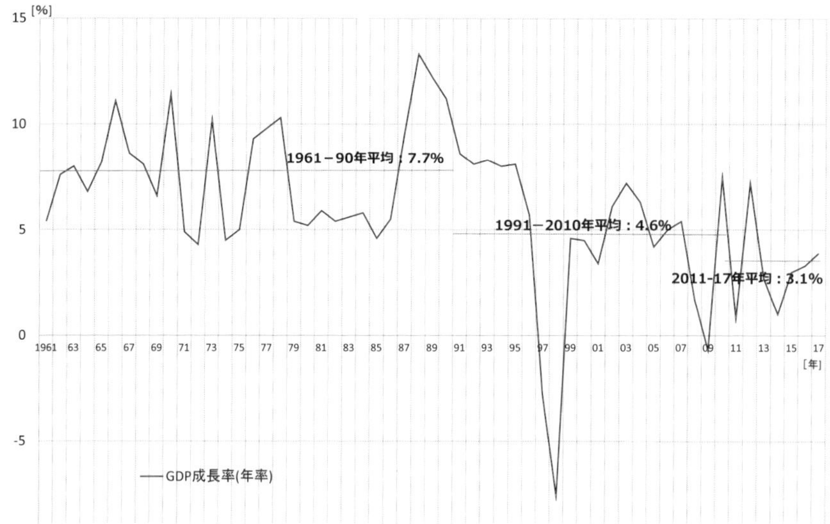

1961−90年平均：7.7%
1991−2010年平均：4.6%
2011-17年平均：3.1%

──GDP成長率(年率)

出所) World Bank Data より筆者作成

経済発展政策が「偽善と二重基準」に満ちており，途上国が昇るべき「はしご外し」になっていた，と批判する。しかも，1960 年代から 1980 年代まで途上国で採用された「介入主義的な貿易・産業政策」によって実現できた成長率に比べて，「新自由主義の『改良政策』」が採用された 1990 年代以降，途上国の経済成長率は大きく減速し，所得格差も拡大したと指摘されたのである（チャン　2009：232-234）。確かに上述したタイの成長率の屈折などを見ると，チャンの主張が妥当性を持つようにも見える。

　だが，ここで問題となるのは「介入主義的な貿易・産業政策」の成果である。チャンが指摘するように，電機・電子や自動車に代表される高所得国の基幹産業への移行が市場メカニズムを通じては実現できず，このギャップを埋めるには「介入主義的な貿易・産業政策」が不可欠となっていたことは間違いない。実際，タイにおいても，輸入代替策において高率なローカルコンテンツ規制によって，部品産業の育成を図った「介入主義的な貿易・産業政策」が採用され

ていた。従って、この部品産業育成策が、輸出指向産業化段階において、十分な品質と国際競争力を持つようなもの作りSMEsの育成策となっていたかどうかが問われていたのである。だが、97年危機はタイの自動車部品産業を担えるような国際競争力を持ったSMEsを育成できなかった実態を明らかにしたのであった。

そうだとすれば、1990年代以降に提案された「新自由主義の『改良政策』」は、単なる「はしご外し」と決めつける訳にはいかない。過去の「介入主義的な貿易・産業政策」の成果を問う政策だと評価すべきではないか。言い換えれば、「介入主義的な貿易・産業政策」が世界市場において発揮しえる国際競争力を構築できたかどうかを試す試金石となっていた、といえるのであるまいか。その結果、経済危機や成長鈍化が生じたということは、この支援策によって十分な国際競争力を持つSMEsを育成できなかった実態が明らかにされたのである。その意味において、90年代以降、途上国にも拡大した「新自由主義の『改良政策』」は途上国にとっても不可欠な政策だと評価できる。

ただ、こうした「新自由主義の『改良政策』」は途上国だけの問題ではなかった。サッチャー政権やレーガン政権に代表される先進国の政策でもあった。それは、デジタルやバイオといった「分岐的技術」[13]の商業化という、21世紀に続く技術パラダイム転換の始まりだったからである。高所得国では、こうした「分岐的技術」の担い手としてベンチャー企業が登場し、重要な役割を演じ始める。こうした転換のなか、SMEs政策も、既存SMEsの格差是正といった弱者救済的支援策から、新たな「分岐的技術」がもたらす効率性の追求に向けた企業家的成長支援策に転換することになった（清成　2009）。Thai Subconは、タイにおいて、まさにこうした新たな時代変化を担うSMEs団体として形成・展開してきたのである。

しかも、デジタルやバイオといった「分岐的技術」が作り出した効率性の追求においては、「介入主義的な貿易・産業政策」が機能しなくなっていた。事実、「タイランド4.0」が想定する次世代自動車、スマートエレクトロニクス、バイ

オテクノロジー，ヘルスケア，ロボットなどにおいては，最終的な供給主体となる Lead Firm は，世界各地から部品等を調達する GVC を構築し，国や企業と境界を越えたグローバルな垂直統合を図るなど，国民経済的な完結性は機能しえないという，新たな構造的特性を示し始めたのである（Engel and Taglioni 2017）。Lead Firm が存在する国においてさえ，それが創出する付加価値をすべて収受することはできない。Lead Firm を持たない国にあっては，如何にして GVC に参加するかが重要な成長課題となっていたのである。

前節でも指摘したように，Thai Subcon は，タイに展開する電子機器や自動車産業における FDI に部品を供給するだけでなく，GVC に参加しえる「社会的能力」を持った SMEs を生み出していた。結果として，「タイランド 4.0」を先取りする成果すら上げ始めていたのである。こうした成果は，タイにおいても，1997 年の経済危機を契機にして形成・展開された Thai Subcon を通じ，なお，一部には留まるとはいえ，タイのもの作り SMEs がきわめて高い「社会的能力」を獲得し始めたことを示すものといえる。

ただ，タイのもの作り SMEs に対し GVC に直接参加できるほど高い「社会的能力」獲得を支援しえた Thai Subcon が，「タイランド 4.0」に象徴されるような 20 世紀型ともいえる官主導の国際競争力強化策及び高所得国の基幹産業形成策に対し，何処まで協力できるのか，タイの高所得国への転位にとって大きな鍵となっていることは間違いなさそうである。今後の Thai Subcon の活動と「タイランド 4.0」の関係についても注目されなければならない。

6．おわりに

最後に，Thai Subcon の形成と展開を分析した成果を踏まえ，これまでのタイ経済論では殆ど注目されてこなかった，以下の 3 点を指摘しておきたい。第 1 点は，1997 年の経済危機からの再生策の策定・実施において，Thai Subcon の前身となる SPC が一定の役割を果たしていた点である。第 2 は，「戦後型後

発工業化」に大きな役割を果たしたFDIがGVCに代位しつつある点である。第3には,「中所得国の罠」の脱却には,今や企業家活動が重要になっていた点である。

　第1の点からいえば,経済危機からのタイ経済再生に関して,IMF・世界銀行などを中心とする市場メカニズム重視の構造調整策と,日本政府が支援した競争力強化に向けたSMEsの「社会的能力」獲得策との間で揺れ動いていたが,のちのタクシン政権はSMEsの「社会的能力」獲得策を積極的に採用した。その背景としてタイの政策担当者が日本型のSMEs支援策の実績に注目したことが挙げられている(東　2001：185)。だが,支援政策に対する具体的な受け皿が無ければ,こうした支援策も画餅に帰すことになりかねない。先に述べたようにSPCが創発的に形成され,タイのもの作りSMEsの「社会的能力」獲得に向けた自立的活動を行うなかで,政府に対する具体的な支援策を提言し,それを自らの「社会的能力」獲得に活用した成果が大きかったのではなかろうか。この点については,あらためて当時の詳細な現状分析が求められる,といっても過言ではない。

　第2の点からは,「戦後型後発工業化」が大きく変質しかねない事態が生じ始めていたといえるのではなかろうか。「戦後型後発工業化」においては,政治的安定化を前提にして,一定の教育水準を達成できれば,FDIを誘致することで中所得国まで経済発展を遂げることが可能となっていた(図表3-3)。実際,タイの農村部においてもFDIによる工場進出は村の女子労働を活用し,女子工員の所得向上と意識の近代化をもたらしたことが知られている(平井2011)。この意味において,FDIによる工業化はアジアにおける後発国にとって,比較的容易な経済発展策であったといえる。

　だが,FDIからGVCへの代位はこの前提条件を大きく変えたのである。GVCをもたらした背景には,デジタルやバイオといった「分岐的技術」の産業化があった。この産業化は,高所得国の基幹産業の転換を招き,ベンチャー企業と大企業とのグローバル連携という,新たな構造を通じた経済成長をもた

らすことになっていた。しかも，GVCへの参加には，こうした「分岐的技術」の商業化を担えるだけの高い技術能力とグローバル連携を実現できるネットワーク能力が不可欠になっていた。結果として，FDI誘致といった既存政策は機能しなくなるだけでなく，むしろマイナス効果を持ちかねないのであった（Engel and Taglioni 2017）。FDI依存による「戦後型後発工業化」策は抜本的な変更を余儀なくされたといえる。GVCが今後の途上国の経済発展に如何なる変容をもたらすのか，理論及び実証の両面において，より詳細な分析が求められるのであった。[14]

　第3の点は，経済発展の源泉としてイノベーションが注目されるなか，その担い手となる企業家活動が経済学においても無視できない要素となりつつあることを示唆していた。企業家活動は，異時限間の経済発展を仲介する要素として不可欠な要素ではあるが，数学的モデル化ができないため，経済学において無視されてきたのである（Baumol 2010：11）。Baumolは，カーズナー型とシュンペータ型の企業家活動の差異について，生産可能性フロンティアを活用しつつ明確化しているが，経済発展にとって重要なのは，イノベーションを起こすシュンペータ型企業家活動だと指摘している。加えて，シュンペータ型企業家活動に向かわせるには制度が重要だと指摘することにより，個人的特性に注目する精神論的企業家論を排している。

　だが，本章では，カーズナー型企業家活動に注目しつつ，Thai Subconの形成・展開を通じ，タイのもの作りSMEsの欠落要素であった「社会的能力」を如何に獲得し，GVC参加を可能にした背景分析を行ってきた。[15] Thai Subconの形成と展開は，「中所得国の罠」脱却を狙うタイにおけるカーズナー型企業家活動だといっても過言ではない。くわえて，その形成と展開には，経済危機を契機にSPCが形成され，その活動を動因としたSMEs支援策が採られ始めたという，タイにおける制度的転換が貢献した，といっても過言ではあるまい。

　とはいえ，ここには大きな懸念材料があることも否定できない。それは規模の限界である。現在，Thai Subconの加盟社数は500社に留まっており，さら

なる企業数の拡大には慎重な対応を取っている (Saensomros氏インタビュー)。「中所得国の罠」脱却という現在のタイが解決すべき課題に比較すると，500社では如何にも少な過ぎるのではないか。類似の団体が創設され，新たな企業家活動を通じた「社会的能力」の獲得とGVC参加に向け，タイのもの作りSMEs社数を拡大できるのかどうか，この新たな課題においてもタイは大きな岐路に直面している，といっても間違いないのである。

　無論，本章において，この結末まで想定することはできない。むしろ，本章が提起したような21世紀におけるタイの経済発展を巡る新たな問題点を踏まえ，調査研究を拡充・深化することを通じ，今後も継続してこの課題を究明していくことこそ重要だと考えている。　　　　　　　　　　　　　　(西澤　昭夫)

注
1) CLMV諸国の成長は，タイが労働集約型産業のFDI受け入れ国になりえないというだけにとどまらず，タイから労働集約的産業における工程間における国ごとのフラグメンテーションを引き起こし，産業の空洞化を進めかねない問題となっていた (石田・梅崎・山田編著　2017)。
2) 「中所得国の罠」とは，一人当たりGDPが10,000ドル近傍に達した発展途上国がそれまでの経済成長を維持できなくなる屈折現象を捉えた概念である。但し，明確な数値基準や構造的原因が特定されている訳ではない。現象的には，低賃金の労働集約型産業に依存した輸出指向経済において，その成長が生産性向上を伴わずに賃金上昇をもたらした場合に生じるとされる。それゆえ，「中所得国の罠」からの脱却には生産性向上が重要だという点については一定の合意が得られている。とはいえ，その構造的原因が特定されていないため，具体的な解決策についてはなお統一された見解は得られていない，との指摘もある (Engel and Taglioni 2017)。
3) この間の一連のタイにおける経済政策は，中所得国に留まろうとすることは社会の安定に寄与することにもならず，格差の拡大や固定化をもたらすがゆえに，「中所得国の罠」は脱却が望まれること，及び高所得国への転位には，国際競争力を持った技術体系を習得して自立する必要性を示唆するものであった (カッツェンスタイン　2012)。
4) こうした課題の提起は，「企業家精神を軸に政府との関係や技術形成を扱い」後発効果を説こうとした「ガーシェンクロン・モデルにおけるブラック・ボックス

を解明する上で」重要な問題提起だとも指摘されている（久保　2001：33）。
5）タイの自動車産業においても，1980年代半ば以降，輸出指向へ向けた政策転換が行われようとしていたが，ローカルコンテンツ規制の下で投下した設備のサンクコスト化を懸念したTAMPAなどの強い反対によって，一定の制約は課したものの，ローカルコンテンツ策は維持・拡大されたのである（Doner 1991：213-14）。
6）この差異をもたらした原因として，久保（2001）は北朝鮮や中国という「経済体制の異なる隣国の存在」を指摘する（久保　2001：32）。資本主義体制の優位性を示すには高所得国の実現は不可避であり，その基盤となる産業を全面的に支援したのである。実際，2017年に半導体売上高でインテルを抜き，世界トップの半導体メーカーとなったサムスン電子ではあるが（『日本経済新聞』2017年12月23日電子版），1980年代初頭に三星財閥の李秉喆会長が半導体産業へ新規参入するという計画に対し，賛成者は皆無だったことが指摘されている。李秉喆会長の半導体産業への新規参入は「管理できる資源の制約を超えて機会を追求する経営活動（＝Way of Managing）」（Sahlman and Stevenson 1992：1）と規定できる企業家活動そのものであったといえるにしても，「資源の制約」となっていた新規参入に必要な莫大な資金調達を可能したのは，国の金融・財政を通じた財閥支援策にあった。台湾では，国が立ち上げた半導体企業の民間払い下げによる半導体産業の育成が図られたのである（谷光　2002；佐藤　2007）。韓国，台湾，いずれの国においても半導体産業育成には，強力な政策的支援策が採られていた。これに対し，タイでは，一時はMr. Chipsとまで呼ばれ，半導体産業において優れた実績を示していた企業家に対する支援策は乏しく，過剰投資を迫られたアルファテック社はアジア危機によって破綻を余儀なくされたのである（西澤　2016）。
7）沢井（2012）は，わが国における「戦前型後発工業化」では，第一次世界大戦で明確になった「総力戦を意識して軍官産学の4部門が連携しながら」（沢井2012：3），当時の高所得国との技術格差を埋める体制が採られたことが指摘されている。ここでは，「敵意ある世界の中で自律性を維持する自己充足的な国民経済」（カッツェンスタイン　2012：161）の確立が喫緊の課題であり，これを充足するため主導性を発揮した国家政策に対し，産学が連携しつつ「社会的能力」の獲得に向かったのである。だが，「戦後型後発工業化」モデルと位置づけられそうな現在の中国においても，日本に類似した「戦前型後発工業化」が発生していた点は注目されていい。中国においては，西側のCOCOM規制の下，旧ソ連が唯一の技術導入の窓口になっていたが，これも中ソ対立により遮断され，中国は「自力更生」のもと「敵意ある世界の中で自律性を維持する自己充足的な国民経済」の確立が不可避になっていたのである。こうしたなか，中国においても，政

府主導のもと,産学連携による「社会的能力」が獲得されることになったのである(安藤・川島・韓 2005)。「戦後型後発工業化」と看做される中国ではあるが,こうした特殊な歴史と地政学的要因によって,中国においても「戦前型後発工業化」による「社会的能力」の獲得が可能になっており,改革開放後のFDIを活用し,世界の工場になっただけでなく,電子機器やIT分野において,高所得国企業とグローバルに競争しえる企業の出現を可能にした,といえるのではなかろうか。

8) 企業家活動にはカーズナー型とシュンペータ型の二類型があることは周知である。Baumol (2010) は,生産可能性フロンティア (Product Possibility Frontier, 以下PPFという) を使って,両者の関係を説明する。カーズナー型企業家活動は一定のPPFを前提にした効率性を追求する活動であり,シュンペータ型企業家活動はPPFを外側に拡大・転位させる活動である。言い換えれば,カーズナー型企業家活動は現時点におけるPPFへのキャッチアップであり,シュンペータ型企業家活動は新たなPPFの創出である。経済発展はシュンペータ型企業家活動の成果であり,Baumolは,シュンペータ型企業家活動を重要視する。だが,途上国やSMEsにおいては,効率性を追求するカーズナー型企業家活動が注目されるべきではなかろうか。なぜなら,途上国やSMEsは「社会的能力」の制約によって,現時点におけるPPFに到達できないのであって,この重要な資源の制約を克服しつつ,PPFに到達するという「機会を追求する企業家活動」が重要になる,といえるからである。実際,スティグリッツ・グリーンウォルド (2017) は,「それぞれの企業が生産可能曲線に向かって移動することで,生産性が上昇する幅が大きいことを示唆して」おり,「発展途上国と先進国との本当の違いは,国際的なベスト・プラクティスの水準 (PPF上の点:筆者挿入) を著しく下回る企業の割合が,発展途上国の方が大きく,そしてその国の平均的生産性と,最も効率のいい企業の生産性のギャップも大きいという点」にあることが指摘されていた (スティグリッツ,グリーンウォルド 2017:26, 31)。

9) タイ政府は,78年1月に乗用車の完成車輸入を禁じ,同年8月に国産化率25%を定めるだけでなく,その後毎年5%ずつ引き上げ,83年には50%にする計画を発表した。この計画に対して,日本側は早急過ぎると批判したが (谷浦 1990:169),地場の部品メーカーの圧力により,国産化率はさらに高められたのである (Doner 1991:199-200)。

10) タイにおいては,大企業は連携し協力することはあっても,連携や協力が最も必要なSMEsにはその意識はなく,社会的能力の獲得が強く求められるSMEsがこれを実現できない点こそ,タイの根本的欠陥だと指摘されていた (Lecler 2010:307)。だが,1997年危機はこの意識を大きく変え,SMEsが創発的に協

力し始める契機となったのである。さらに，これら日系企業の二次サプライヤーSMEs は，もの作りや取引慣行に関して，日本的コンテクストを理解できる企業として選定されたことが指摘されており（小林・林　1993：86），「仲間まわし」といった日本の SMEs の特徴を理解していたのではないか，という仮説も成り立つように思われる。最近では，急増する中国企業進出に押され，日系企業のプレゼンスが弱まりつつあるなか，もの作りや取引慣行の日本的コンテクストがタイの SMEs に引き継がれたとしたら，タイにおけるもの作りと SMEs の成長にとって，新たな可能性が期待できそうである。これらの点は次の検証課題としたい。

11) わが国のタイ SMEs 研究において参考にされる東 2001 では，タクシンの活動と日本の経験を学びその意義を理解した工業省の官僚が主導した政策だと看做しているが，実施の受け皿もなく，効果も期待できない状況だとしたら，反対派を押し切ってまで，こうした政策を実施することができたのであろうか。ここには政策実施に関する大きなミッシングリンクが存在していたのである。

12) タイの自動車分品産業における構造的特徴として，完成車メーカー数に対して，一次サプライヤーと二次サプライヤーの数が少なく，系列を超えた部品供給体制が構築されていた。結果として，日本のような完成車メーカーを頂点とした系列のピラミッドはタイでは存在しえなかったのである（Poapongsakorn and Techakanont 2008）。2002 年時点における二次サプライヤーの社数は 1,000 社程度だと想定され，その多くはSMEs だと指摘されていることから（Poapongsakorn and Techakanont 2008：210），Thai Subcon はその約 3 分の 1 を組織化したといえる。

13) Destructive Technology は「破壊的技術」と訳すのが一般的であるが，その本質は既存の技術パラダイムとは全く異なる新たな技術パラダイムへの転移であり，むしろ，「分岐的技術」と訳すべきだと指摘されている（三輪　2013：256-62）。にもかかわらず，「破壊的技術」と訳されたのは，新たな技術パラダイムが新産業を形成するには，既存の技術パラダイムにおいて産業形成を可能にした既存の組織と制度を「破壊」しつつ，新たな技術パラダイムを新産業形成につなげるためには，新たな組織と制度の構築が不可欠になっていた点を示唆していた，と考えるべきである（Padgett and Powell 2012：375-377）。

14) GVC への参加は新たな従属化だという批判もある（猪俣　2017）。実際，Lead Firm は高度な品質で一定規模の供給を要求することから，その参加企業に対して「アップルショック」に象徴されるような甚大な悪影響を及ぼす可能性もある。こうした点からも SMEs が GVC に参加するには高度な戦略的対応が求められていた。その意味でも Entrepreneurship を如何に発揮させるかが成否の鍵となる

といっても過言ではないが，この点についてもさらなる実証研究が求められている。

15) カーズナーは，シュンペータ型企業活動は「循環を撹乱し，均衡から不均衡を創造する」活動であり，カーズーナー型企業家活動は「体系内の運動の根本ではあるが，均衡化影響力を持っていること」であるとする（カーズナー 1985：84）。さらに，「企業家活動はカオス的に見え，また予想不可能に見えるので，主流派理論は，企業家活動をその理論的構図から除いてしまった」のであるが，カオスこそが秩序ある均衡を生み出すというパラドックスが重要だと指摘していた（カーズナー 2001：64-66）。企業家活動といえば，シュンペータ型企業家活動のみ重視されているが，注8でも指摘したように，途上国やSMEs分析においてはカーズナー型企業家活動が的確な分析の理論的枠組みを提供してくれるように思われる。

参考文献
安藤哲生・川島光弘・韓金江（2005）『中国の技術発展と技術移転─理論と実証─』ミネルヴァ書房
池部亮・藤江秀樹編著（2016）『分業するアジア』ジェトロ
石田正美・梅崎創・山田康博編著（2017）『タイ・プラス・ワンの企業戦略』勁草書房
猪俣哲史（2017）「グローバル・バリューチェーンとは」IDE-JETRO 研究ノート www.ide.go.jp/library/Japanese/Publish/Download/Collabo/.../2017_aboutGVC.pdf（2018年7月20日閲覧）
上田曜子（2007）「日本の直接投資とタイの自動車部品メーカーの形成」『経済学論叢』58（4），同志社大学経済学部
大泉啓一郎（2017）「『タイランド4.0』とは何か（前篇）（後編）」『環太平洋ビジネス情報 RIM 2017』17（66, 67）日本総研
大辻義弘（2016）『タイ中小企業政策と日本 通貨危機時の経験』書籍工房早山
大野健一（2013）『産業政策のつくり方』有斐閣
カーズナー，I., 田島義博監訳（1985）『競争と企業家精神─ベンチャーの経済理論─』千倉書房
カーズナー，I., 西岡幹雄・谷村智輝訳（2001）『企業家と市場とはなにか』日本経済評論社
カッツェンスタイン，P.J., 光辻克馬・山影進訳（2012）『世界政治と地域主義』書籍工房早山
川辺純子（2007）「タイの自動車産業育成政策とバンコク日本人商工会議所」『城西

大学経営紀要』第3号,城西大学経営学部
川邉信雄 (2011)『タイトヨタの経営史―海外子会社の自立と途上国産業の自立―』有斐閣
清成忠男 (2009)『日本中小企業政策史』有斐閣
久保文克編著 (2001)『タイ土着経済・社会の今日的位相―通貨危機をめぐる変容プロセス―』中央大学出版部
小林英夫・林倬史編著 (1993)『アセアン諸国の工業化と外国企業』中央経済社
佐藤幸人 (2007)『台湾ハイテク産業の生成と発展』岩波書店
沢井実 (2012)『近代日本の研究開発体制』名古屋大学出版会
末廣昭 (2014)『新興アジア経済論 キャッチアップを超えて』岩波書店
末廣昭・東茂樹 (2000)「タイ研究の新潮流と経済政策論」末廣昭・東茂樹編『タイの経済政策―制度・組織・アクター―』日本貿易振興会・アジア経済研究所
スティグリッツ, J. E., グリーンウォルド, B.C. 著, 薮下史郎監訳, 岩本千晴訳 (2017)『スティグリッツのラーニング・ソサイティ 生産性を上昇させる社会』東洋経済新報社
高橋徹 (2015)『タイ 混迷からの脱出 繰り返すクーデター・迫る中進国の罠』日本経済新聞出版社
高林二郎 (2006)『東アジアの工業化と技術形成―日中アセアンの経験に学ぶ―』ミネルヴァ書房
谷光太郎 (2002)『日米韓台半導体産業比較』白桃書房
谷浦孝雄編 (1990)『アジアの工業化と技術移転』アジア経済研究所
チャン, H., 横川信治監訳 (2009)『はしごを外せ 蹴落とされる発展途上国』日本評論社
西澤昭夫 (1996)「再編強化される日系現地企業のアジア戦略」現代日本経済研究会編『日本経済の現状 1996年版』学文社
西澤昭夫 (2016)「企業家活動と『中進国の罠』―タイにおけるハイテク新規創業企業の挫折―」東洋大学経営力創成研究センター『経営力創成研究』第12号,東洋大学経営力創成研究センター
東茂樹 (2000)「産業政策―経済構造の変化と政府・企業間関係」末広昭・東茂樹編『タイの経済政策―制度・組織・アクター―』日本貿易振興会 アジア経済研究所
東茂樹 (2001)「タイの制度改革と経済再建」末廣昭・山影進編『アジア政治経済論』NTT出版
平井京之介 (2011)『村から工場へ―東南アジア女性の近代化経験―』NTT出版
ポンパイチット, P., ベーカー, C. 著, 北原淳・野崎明監訳 (2006)『タイ国―近現代

の経済と政治―』刀水書房
三輪晴治 (2013)『日本経済再生論―ディスラティブ・イノベーションの道―』分眞堂

Baumol, William J. (2010) *The Microtheory of Innovative Entrepreneurship*, Princeton University Press.
Doner, R. F. (1991) *Driving a Bargain: Automobile Industrialization and Japanese Firms in Southeast Asia*, University of California Press.
Engel, J. and Taglioni, D. (2017) "The middle-income trap and upgrading along global value chains" *Global Value Chain Development Report 2017: Measring and Analyzing the Impact of GVCs on Economic Development*, The World Bank Group.
Foster, R. N. (1986) *Innovation: The Attacker's Advantage*, Summit Books.
Lecler, Y. (2010) "From Growth based on Low Cost to Capability Upgrading Policies the Thai Hard Disk Drive Industry" Patarapong, Intarakumnerd & Lecler, Yveline (2010) *Sustainability of Thailand's Competitiveness: The Policy Challenge*, ISEAS Publishing.
Marshall, A. M. (2014) *A Kingdom in Crisis: Thailand's Struggle for Democracy in the Twenty-First Century*, Zed Books.
NESDB Thailand (2016) *The Twelfth National Economic and Social Development Plan (2017-2021)*, Office of the National Economic and Social Development Board, Office of the Prime Minister.
Ohno, K. (2009) *The Middle Income Trap: Implications for Industrialization Strategies in East Asia and Africa*, GRIPS Development Forum.
Padgette, J. F. and Powell, W. W. (2012) *The Emergence of Organizations and Markets*, Princeton University Press.
Phongpaichi, P. and Baker C. (2009) *THAKSIN 2nd expanded edition*, Silkworm Books.
Poapongsakorn, N. and Techakanont, K. (2008) "The Development of Automotive Industry Clusters and Production Networks in Thailand" *Networks and Industrial Clusters: Integrating Economies in Southeast Asia*, ISEAS Publishing.
Sahlman, W. A. and Stevenson, H. H. (1992) *The Entrepreneurial Venture*, HBS Publications.
Thai Subcon Association (2017) *Thai Subcon Directory 2017-2018*, The Association of Industrial Subcontractor in Thailand.

第3章 タイにおけるもの作り SMEs の組織化　59

インタビュー
Mr. Rungsun Lertnaisat, Advisor to Thai Subcon Association, Dean of Faculty of Business Administration Thai-Nichi Institute of Technology, February 25, 2018 & August 21, 2018, TNI 経営学部長室
Mr. Pattanasak Saensomros, Vice President of Thai Subcon Association, President of P Quality Machine Parts Co., Ltd., February 26, 2018 & August 21, 2018, P Quality Machine Parts 社会議室
Ms. Watsamon Chaypum, Committee of Thai Subcon Association, Department Manager of Bolt & Nut Industry Co., Ltd., February 26, 2018, Bolt & Nut Industry 社会議室

第4章

不確実性下の退出基準

1．はじめに

　企業全体の90パーセント以上をスモールビジネスが占めている中，自然にスモールビジネスは数多く設立されるのと同様に，日々多くの企業が退出または清算に直面する。新事業への投資決定に比べると，退出の決定は財務的，精神的側面等の要因からより難しい。このような感想は実務界の方々からしばしば聞かれる。対照的に，学術研究ではスタートアップやスモールビジネスへの投資基準についてはいくつかの方法で明確に提示されているが，退出基準については必ずしも明確に示されているとはいえない。そこで，本章では，スモールビジネスに適した退出基準を財務的視点から提示することにしたい。

　スモールビジネスを取り巻く経営環境には不確実性が増してきている。たとえば，収益が徐々に落ち込んでいる状況になっても，将来収益が回復するかもしれないし，さらに悪化するかもしれない。これも退出の意思決定を難しくしている原因である。不確実性下での投資基準については，オプション理論を応用した投資理論として，リアルオプション理論がある[1]。これは今では広く知られるようになり，実務での応用にも広がりが見せてきている。リアルオプション理論を応用すると，不確実性下の退出基準も導出できる。しかし，それを理解するには高度なファイナンスの専門知識が必要となる。スモールビジネスには高度なファイナンス人材が乏しい状態を考え，ここではまず，直感的に理解しやすい確実的な状態，すなわち，将来収益が確実に予測できるような状況下で，その退出基準について明確にし，それとの関連付けを考え，不確実性下の退出基準を理解する方法を提案する。

2. 確実的状況下の退出基準

　従来の投資理論では，正味現在価値の正負が投資基準となる。すなわち，予測される将来のキャッシュフロー流列の現在価値から投資金額を引いた値（正味現在価値）が正であれば投資を行い，負であれば投資を行わないというルールに従うことである。この正味現在価値法と呼ばれる判断基準は現在の一時点での状況のみをもとにして判断した結果である。しかし，予測される将来のキャッシュフロー流列の各データが一定値ではなく，変化が含まれる場合，正味現在価値を最大にする投資実行時点が存在するはずである。したがって，このような時点を求め，そこでのキャッシュフローの水準を投資基準とするのがより合理的である。さらに，このような投資基準を将来のキャッシュフローが不確実的に変動する場合の投資実行水準と関連付けすると，不確実性下の投資基準の特性がより一層明確になる[2]。投資基準は，実行するか否かを検討している投資案件に適用されるが，この理論は，現時点で操業中の事業の売却または清算を考える際に必要となる判断基準に拡張することができる。以下ではこれを示すことにする。

　操業中の事業は競争の激化や製品・サービスの陳腐化に直面する場合，収益の見通しが悪化すれば，事業の売却または清算による退出の決定に迫られる。直感的にはキャッシュフローが負となった時点で退出することになるが，キャッシュフローの将来の見通し，それに退出時の事業売却または清算による収入あるいは後処理費用を考慮し，当該事業の正味現在の正負を退出基準とすることが考えられる。すなわち，予測される将来のキャッシュフローの現在価値が事業売却または清算による収入あるいは後処理費用を上回る場合は直ちに退出せず，その逆の場合は直ちに退出することになる。

　議論を具体化にするため，以下では売上高から変動費用を除いたものを貢献利益と呼ぶことにし，これが時間のたつにつれ変化するため，t時点での貢献利益を$x(t)$で表すことにする。固定費用は変化しないものとして，これをCで表す。

単純化して，貢献利益から固定費用を引いたもの，すなわち，t時点での営業利益 $x(t)-C$ を単にキャッシュフローと見なすことにする[3]。事業からのキャッシュフローが減少の見通しとなったときに，事業の売却または清算を考えることになる。退出の決定を行うため，まずは，事業を継続するとした場合の将来の貢献利益 $x(t)$ の流列を予測し，将来のキャッシュフローを推定することになる。将来のキャッシュフローをすべて時系列的に推定することは現実的には困難であるので，一般に，これまでのキャッシュフローのデータを基に可能な範囲でこれより先の各時点でのキャッシュフローを推定し，これまでのデータと推定される値でキャッシュフローの変化率（変化のトレンド）を推定する方法が考えられる。キャッシュフローの変化率がわかると，将来各時点での平均的なキャッシュフロー水準は現在のキャッシュフロー水準を基に容易に計算できる。ここでは貢献利益 $x(t)$ の変動を連続時間で考え，推定される変化率を μ とする。現在の貢献利益 $x(0)$ の値が x であると，将来任意時点 t での $x(t)$ の値は，

$$x(t) = xe^{\mu t}$$

となる。たとえば $\mu = -0.05$ のとき，貢献利益は年に5%の割合で減少していくことを意味し，固定費用が変化しないとすると，キャッシュフローも減少していくことになる。だだし，これらの値は推定される平均的値であり，実現値のばらつきを無視することになる。ここでは，まず，この平均的値を利用して，将来の状況が確実的であるように想定した場合の退出基準について明らかにする。

キャッシュフローの現在価値を評価するため，投下資本の要求収益率（資本コスト）を割引率として使用する。割引率が $r(>\mu)$ であると，これから永続するキャッシュフローの現在価値は，

$$\int_0^\infty (x(t)-C)e^{-rt}\,dt = \frac{x}{r-\mu} - \frac{C}{r}$$

となる。右辺第1項の $x/(r-\mu)$ は永続する貢献利益の現在価値で，第2項の C/r は永続する固定費用の現在価値である。したがって，キャッシュフロー

の現在価値は貢献利益の現在価値から固定費用の現在価値を引いたものとなる。固定費用の現在価値が貢献利益の現価値を超えた場合，すなわち，

$$\frac{x}{r-\mu} < \frac{C}{r}$$

であるとき，キャッシュフローの現在価値は負となり，事業から退出することになる。このことは，まだある程度の売上高が存在して，貢献利益の現在価値が正であっても，キャッシュフローの現在価値が負となった場合，直ちに退出することが適切になることを示している。事業から撤退することは固定費用の支出を断ち切ることと理解する必要がある。このことを理解した上で，実際の退出問題に視点を移して考えてみる。事業から撤退する場合，事業を売却するか，清算する方法がある。売却する場合は売却収入が得られるし，清算する場合は余剰価値または処理費用が発生する。退出するときに発生する金額を K として，K が正のときには売却または清算による収入が発生することを意味し，負のときには後処理による費用が生じることを意味する。以下では K を売却金額と呼ぶことにする。この場合，退出するか否かの判断はキャッシュフローの現在価値の正負ではなく，K との大小関係から判断することになる。すなわち，

$$\frac{x}{r-\mu} - \frac{C}{r} < K$$

であれば，直ちに退出することになる。K は正の場合，キャッシュフローが負にならなくても退出することになる。

　上の議論は現時点で見た場合の結論であり，時間の推移によってキャッシュフロー水準が変化する状況では，現時点でキャッシュフローの現在価値が K を上回る場合でも，将来的には退出しなければならないような状態に陥る可能性を持つことになる。この場合，最適な退出のタイミングを図ることにより，操業中のプロジェクトの現在価値を最大にすることができる。また，最適な退出のタイミングを求めることにより，退出を準備する可能な期間を知ることにもなる。現時点を 0，退出の時点を T とすると，操業中のプロジェクトの現在価値は，

$$\int_0^T [x(t)-C]e^{-rt}\,dt + Ke^{-rT}$$

となる。上の式の第1項は現時点から退出する時点Tまでのキャッシュフローの現在価値であり，第2項は売却金額の現在価値である。この値を最大にする条件は，

$$x(T^*)-C=rK, \quad \mu<0 \quad \cdots\cdots\cdots\cdots\cdots\cdots\cdots\cdots\cdots (1)$$

となる。ここで，T^* は最適な退出時点である。左側の等式を見ると，左辺の $x(T^*)-C$ は退出時点でのキャッシュフローの水準を表していることがわかる。右辺の rK は資本コスト r と売却金額 K の積となっていることから，売却金額の利子と考えることができる。右側の不等式 $\mu<0$ は貢献利益が連続的に減っていく状態を指している。将来の業績の回復が見込まれないような状態を指していると理解すればよい。上の条件式は，業績の回復が見込まれない状態では，キャッシュフロー水準が売却金額の利子までに下がってきた時点で，退出するのが最適であることを示している。左側の等式を

$$x(T^*)=C+rK \quad \cdots\cdots\cdots\cdots\cdots\cdots\cdots\cdots\cdots (2)$$

に変形すると，左辺は退出時点での貢献利益の水準で，右辺は固定費用と売却金額の利子との和になっていることがわかる。すなわち，キャッシュフロー水準を求める代わりに，貢献利益の水準を観察し，これが固定費用と売却金額の利子を足し合わせた金額までに低下してきた時点で，退出することが最適になると示している。

現時点での貢献利益の水準 $x(>C+rK)$ であると，$x(T^*)=xe^{\mu T^*}$ となり，$xe^{\mu T^*}=C+rK$ により，退出する時点に到達するまでの期間は，

$$T^* = \frac{\log[(C+rK)/x]}{\mu}, \quad \mu<0 \cdots\cdots\cdots\cdots\cdots\cdots (3)$$

となる。$\mu \geqq 0$ の場合，貢献利益の水準が単調に上昇し，$C+rK$ に到達する

ことがなくなるので，退出しないことになる。

3. リアルオプション・モデルの退出基準

前節での議論は貢献利益の平均変化率のみを使用した。実際の変化率はビジネス環境の不確実性の影響により，平均値の前後で変動することになる。また，変化率の変動方向は事前に予測不能であり，時間の経つにつれ不確実的に変動することが一般に認識されている。したがって，退出のタイミングも不確実的になる。不確実性下の退出の基準はある種の条件のもとで，リアルオプション理論を用いることで導出することが可能である。経営状態を表す過去の時系列データを分析した結果，たとえば，不確実的に変動する収益率などの多くの指標は，確率分布として正規分布に近いであることがわかっている。ここでも，貢献利益の変化率は平均が μ，標準偏差が σ の正規分布に従うと仮定する。σ は変化率の変動性の指標であり，この値が大きければ，貢献利益の変化率はその平均値 μ の上下で変動範囲が大きくなりことを意味する。この場合，現時点での貢献利益の水準が x であると，t 時点での $X(t)$ は，

$$X(t) = xe^{(\mu-\sigma^2/2)+\sigma W(t)}$$

となる。ここで，$W(t)$ は標準正規分布に従う確率変数である。したがって，貢献利益の水準 $X(t)$ もランダムに変動する確率変数となる。

現時点での貢献利益の水準が x で，T 期間後に退出するとしたときに，操業中プロジェクトの期待現在価値は，

$$E^x\left[\int_0^T (x(t)-C)e^{-rt}\,dt + Ke^{-rT}\right]$$

となる。$X(t)$ が確率変数であることから，プロジェクトの期待現在価値を最大にする退出のタイミングも確率変数となる。そのため，直接に退出のタイミングを求める代わりに，退出する基準となる貢献利益の水準 x^* を求めること

になる。$\mu<r$であれば，プロジェクトの期待現在価値を最大にするx^*が存在する。具体的な導出過程はここでは省略することにし，結果のみを示すと以下のようになる。[4)]

$$x^* = \frac{\beta}{\beta-1}(r-\mu)\left(\frac{C}{r}+K\right) \quad \cdots\cdots\cdots\cdots\cdots\cdots\cdots (4)$$

ここで，

$$\beta = \frac{1}{2} - \frac{\mu}{\sigma^2} - \sqrt{\left(\frac{1}{2}-\frac{\mu}{\sigma^2}\right)^2 + \frac{2r}{\sigma^2}} < 0$$

は2次方程式

$$F(\theta) = \frac{1}{2}\sigma^2\theta(\theta-1) + \mu\theta - r = 0 \quad \cdots\cdots\cdots\cdots (5)$$

の負の根である。

(4)式は貢献利益の水準が最初にx^*に到達した時点で退出するのが最適となることを示している。ここでは，貢献利益の変化率μは正負にランダムに変動するので，その平均値は(1)式で示すように必ずしも負である必要はない。ただし，リアルオプション・モデルで示す最適な退出基準の(4)式の意味は確定な場合の(2)式ように明確に理解することは困難である。次節では，これら2つの退出基準の関連付けを考え，(4)式で示している意味とその特性を明らかにする。

4．退出基準の特性

リアルオプション・モデルより導出した退出基準を理解しやすい(2)式と関連付けるため，ここでは，2次方程式の性質を利用し，その正の根を使うことにより，(4)式を変形させることにした。(5)式の正の解をαとすると[5)]，退出基準を表す(4)式は，

$$x^* = \frac{\alpha-1}{\alpha}(C+rK) \quad \cdots\cdots\cdots\cdots\cdots\cdots (6)$$

第4章 不確実性下の退出基準

に変形できる。ここで、

$$\alpha = \frac{1}{2} - \frac{\mu}{\sigma^2} + \sqrt{\left(\frac{1}{2} - \frac{\mu}{\sigma^2}\right)^2 + \frac{2r}{\sigma^2}} > 1$$

である。

　(6) 式の右辺は (2) 式の右辺に係数 $(\alpha-1)/\alpha$ をかけた形になっている。この係数は、α が1より大であることにより、1より小となる。すなわち、貢献利益の変化率の変動性を考慮した方がそれを無視した場合よりも退出基準が低くなる。変動性を考慮することは、将来の貢献利益の改善も見込んでいることを意味する。実務でも、利益が赤字になった時点ですぐに退出するのではなく、赤字が続いてもしばらく操業を続け、利益回復の見込みがなくなった時点で退出を考えることが経験的に実行されている。(6) 式は科学的に退出基準を示したものである。(6) 式からわかるように、退出基準の基礎値は固定費用と退出時に発生する金額の利子の和 ($C+rK$) であり、すなわち、貢献利益の変化率が確定であると考えた場合の退出基準である。それに貢献利益の変化率の変動性から生じる係数 $(\alpha-1)/\alpha$ を掛けたものが不確実性下の退出基準となる。

　変化率の変動性が退出基準に対してどのように影響を及ぼすのかについて、数値例で示してみる。資本コストが5%と推定されている事業を操業しているとする。売上高が減少し、貢献利益が平均で年4%の減少が見込まれ、退出も視野に入れて検討することになったとしよう。年間の固定費用を1単位として、退出にかかる処理費用は2年分の固定費用に相当すると見込まれたとしよう。このケースでは、$r=0.05$, $\mu=-0.04$, $C=1$, $K=-2$ となるので、退出基準の基礎値は $C+rK=0.9$ となる。貢献利益の変動性として年10%と推測された場合、$\sigma=0.1$ として、α を求めると、$\alpha=10$ となり、係数 $(\alpha-1)/\alpha=0.9$ となる。したがって、退出基準 $x^*=0.81$ であり、貢献利益が固定費用の0.81倍までに下がってきたときに、退出することになる。変動性を無視した場合より、退出基準は1割下がることになっている。このことからも、このモデルの応用には変動性の推計が重要になってくる。変動性の大きさは経営状況の変化によっても変

図表 4-1 変動性が退出基準に与える影響

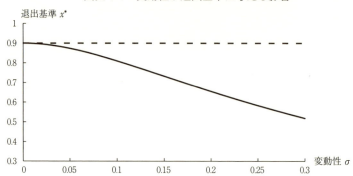

わるし，推測の手段によって誤差が生じる。このため，変動性と退出基準の関連を図表 4-1 で示した。横軸は変動性 (σ) の値をとり，縦軸は退出基準の値をとることにしている。点線は変動性を無視した場合の退出基準 ($C+rK$) を示し，実線は変動性に対応した退出基準 x^* を示している。図表 4-1 からわかるように，変動性 (σ) の値が小さい場合には，退出基準はそれを無視したときの値とほとんど変わらないが，変動性 (σ) の値が大きくなるにつれて退出基準がかなり低下していくことになる。変動性 (σ) の値が大きいということは，将来状況が好転したとき，利益の回復幅が大きくなることを意味する。これを見込んで，現在の利益の赤字幅がある程度大きくなっても，慌てて退出する必要がないことを示している。したがって，利益の変動幅が大きな事業の場合，適正な退出決定を行うには，貢献利益の平均的変化率を正確に推計することのほかに，変動性 (σ) の値も正確に推定しなければならない。

5．退出のタイミング問題

　貢献利益が一定の変化率で低下していく場合，貢献利益が退出基準へ到達するまでの期間は (3) 式で示す通り，求めることが可能である。すなわち，退出

する時期が事前にわかる。貢献利益の変化率が不確実である場合には，退出基準は (6) 式で示す通り定数となるが，貢献利益が退出基準へ到達するまでの期間は不確実となる。ここでは，到達時間の平均値を求めることができるので，この平均値を退出する時期の目安とすることが可能である。現在の貢献利益の水準が x であるとき，貢献利益が退出基準 $x^*(<x)$ へ到達するまでの時間の平均値は，

$$E[T^*] = \frac{log(x^*/x)}{\mu - \sigma^2/2}, \quad \mu - \frac{\sigma^2}{2} < 0 \quad \cdots\cdots\cdots\cdots\cdots\cdots\cdots\cdots (7)$$

となる。$\mu \geq \sigma^2/2$ の場合は $E[T^*]$ が発散する。すなわち，貢献利益の水準が有限時間内に退出基準に到達しない確率が正となる。退出を考えても，実際には退出しなくでも済む場合が存在することを意味している。

(7) 式より求められる到達時間は (3) 式から求められる確実な時間と異なり，必ずしもその時間で到達することを示すものではない。(7) 式と (2) 式で，貢献利益の変化率 μ の値が同じである場合，(7) 式の分子の絶対値は (2) 式のそれよりも大で，分母の絶対値は (2) 式のそれよりも小となるので，(7) 式で求めた平均到達時間は (2) 式で求めたそれよりも長くなる。したがって，変化率の変動性を無視した場合，誤って早めに退出してしまう可能性を持つことになる。

操業中事業の資本コストの変化の影響を除くと，退出のタイミングは現在の貢献利益の水準 x，推定される貢献利益の変化率 μ とその変動性 σ から影響を受けることになる。このことについて，先の数値例を使って図示により明確にしてみる。貢献利益の変化が確定的な ($\sigma=0$ とした) 場合の退出タイミングを図表 4-2 で表している。横軸は貢献利益の変化率 μ の値をとり，縦軸は現在の貢献利益の水準 x の値をとることになっている。その他の変数の値は $r=0.05$，$C=1$，$K=-2$ とした。したがって，退出基準 $x(T^*)$ は $c+rK=0.9$ となる。これを下方にある水平な太めの実線で表している。右下がりの破線とそれに続く太目の実線は正味現在価値が零となる x と μ の組み合わせを表している ($x=(r-\mu)(C/r+K)$)。すなわち，この線の上方では正味現在価値が正で，その

下方では正味現在価値が負となる。水平な太めの実線より以下の範囲では現在の貢献利益の水準が退出基準を下回って，かつ，その変化率が負である状態を指している。右下がりの太めの実線より下の範囲では貢献利益の水準はわずかに上昇する傾向にあるが，正味現在価値が負となる状態を表している。したがって，太めの実線より下の範囲は直ちに退出する状態を指している。右下がりの太めの実線より上で縦の点線より右の範囲（$\mu>0$）では貢献利益の水準はわずかに上昇する傾向にあり，正味現在価値が正となる状態を表しているので，この範囲は退出することがない状態を指している。水平な太めの実線より上で縦の点線より左の範囲（$\mu<0$）では，現在の貢献利益の水準は退出基準より大であるが，それが減少していく傾向にあり，将来時点に貢献利益の水準が退出基準に到達した時点で退出することになる状態を指している。その範囲内にある曲線は下から上の順に退出基準への到着時間が5年，10年，20年，50年となる現在の状態を示している。右下がりの破線の下方では正味現在価値が負となるので，正味現在価値基準のもとでは直ちに退出することとなるが，ここで示した退出基準のもとでは，直ちに退出する必要がなく，場合によっては退出するのはかなり先となることもありうることを示している。逆に，右下がりの

図表 4-2　確実な場合の退出タイミング

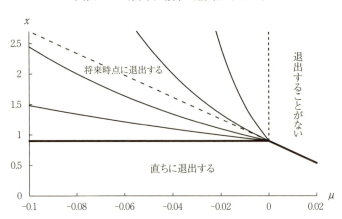

破線の上方では，正味現在価値が正となるので，正味現在価値基準のもとでは退出する必要がないと判断されるが，ここで示した退出基準では，かなり先となるが，退出することになる現在の状態を示している。

貢献利益の変化が不確実性な場合の退出タイミングを示したのが図表 4-3 である。ここで $\sigma=0.1$ とした。退出基準 x^* は μ の値に対応して変化するので，これを下方の太めの実線で表している。この実線より下の範囲では現時点での貢献利益の水準が退出水準を下回っている状態を指しているので，直ちに退出することになる。この線より上で縦の点線より左の範囲 ($\mu<\sigma^2/2$) は将来時点で退出することになる領域を指している。この範囲内の細めの曲線は退出基準へ到達までの平均時間が下から上の順に 5 年，10 年，20 年，50 年となる現在の状態を示している。縦の点線より右の範囲では，退出基準へ到達する時間の平均値が無限大となる現在の状態を指している。すなわち，この領域では将来退出しなくても済む可能性がある現在の状態を示している。このことは，貢献利益が不確実に変動する場合，現在の状態が良くても，将来に状況が悪化した場合退出することになるという可能性を持っていると理解すべきである。正味現在価値基準と比較するため，正味期待現在価値が零となる現在の状態を右下

図表 4-3 不確実性下の退出タイミング

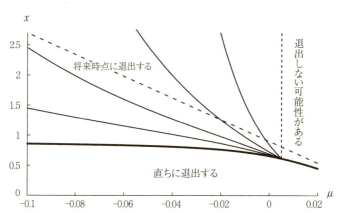

がりの破線で表した。破線より下の領域は正味期待現在価値が負となるので，正味現在価値基準では直ちに退出することになるが，ここで示した退出基準では，場合によって退出はかなり先伸ばしにした方がよいとなる状況も存在していることを示している。逆に，破線より上の領域では，正味現在価値基準では退出しないこととなるが，ここで示した退出基準では，かなり先となるが，退出する可能性を常に考慮しないといけないことを示している。　　（董　晶輝）

注
1) 代表的文献として，たとえば，Dixit and Pindyck（1994）がある。
2) 詳細については董（2017）を参照。
3) より正確には法人税や減価償却などを考慮する必要があるが，退出を考えなければならないような状態ではこれらは無視できるほどの金額しかないと考えられる。
4) リアルオプション・モデルの数理的方法については，Dixit and Pindyck（1994）で解説している。
5) 式の2次式は正と負の解を一つずつ持つので，その正の解をとすると，

$$F(x) = \frac{1}{2}\sigma^2(x-\alpha)(x+\beta)$$

となるので，

$$\frac{F(0)}{F(1)} = \frac{r}{r-\mu} = \frac{\alpha}{\alpha-1}\frac{\beta}{\beta-1}$$

となり，これから，

$$\frac{\beta}{\beta-1}(r-\mu) = \frac{\alpha-1}{\alpha}r$$

が導かれる。この関係式を (4) 式の右辺に代入すると (6) 式を得る。

参考文献
董晶輝（2017）「不確実性下の投資基準」東洋大学経営力創成研究センター編『スモールビジネスの創造とマネジメント』学文社

Dixit, A. K. and Pindyck, R. (1994) *Investment under Uncertainty*, Princeton University Press.（川口有一郎他訳，2002『投資決定理論とリアルオプション』エコノミスト社）

第5章

創業者のビジョンと企業ドメインの形成

1．はじめに

　企業の発展は，経営者の戦略的な構想に基づいて行われる。そのような戦略的構想は，現在保有する経営資源に基づいて策定される一方で，主に経営者自身の環境認識に基づき，経営者によって示される将来の事業展開の方向性によっても大きく左右される。

　戦略的な構想の策定における経営者の役割は，とりわけ，その影響力がいちじるしいものになる創業期の企業において，後の企業発展を左右することから，重要な意味を持つ。創業期の企業では，創業者の思想や信念，価値観を色濃く反映したビジョンが，当該企業の活動領域や将来の事業展開の方向性に影響を与え，それらを通じて，企業の成長戦略に影響を与える。

　本章では，企業ドメインの形成と創業者のビジョンとの結びつきについて，住宅建材製造企業である株式会社ウッドワンの創業期における事業展開の事例の検討を通じて確認する。その上で，企業ドメインの形成と創業者のビジョンとの関係について，今後の研究の論点を考察する。

2．企業ドメインと創業者のビジョン

2.1　企業ドメインの研究

　現在の企業の活動や企業の将来像をどのように定めるかという問題は，主に，企業ドメインに関する研究領域にて議論されてきた（Ansoff 1965；Tilles 1969；Levit 1960；Abell 1980；榊原　1992a；1992b；Markides 2000）。企業ドメインとは，

直面する環境において企業が志向する活動領域と，その広がりの程度を表し，その領域の種類と大きさの定義によって，企業の発展可能性を規定するものである。たとえば，Abell (1980) や榊原 (1992b) は，複数の次元に基づき，企業の領域を明らかにすることを試みている。企業ドメインに関係する主要な議論 (Levitt 1960 ; Ansoff 1965 ; Tilles 1969 ; Abell 1980) においては，属性によって分類された顧客層に訴求するサービスや企業の中核技術，満たすべき顧客ニーズといった要素からなる定義が提唱された。ここで注目すべきは，企業ドメインは，単純な製品分類に基づいて定義されるのではなく，市場のニーズという観点から定義されなければならないという点である。前者の定義に比べ，後者の定義ではより広い事業領域が志向されるため，発展可能性という点ではより優れている。

また，伊丹・加護野 (1993) は，領域の概念化に関する議論を踏まえ，その機能について言及している。彼らは，適切な企業ドメインが定義されることで，企業の発展に寄与する効果が期待されるとした。彼らの指摘によると，その効果は，① 企業のメンバーの注意を集中すべき領域を明確にし，② 事業を展開する上で必要とされる経営資源についての指針を提供し，③ 企業のメンバーだけでなく企業外部の行為主体からも存在意義が認められるといった経路を通じ，具現化する。

このような機能を持つ企業ドメインはどのように定義されるのか。これらの議論からは，企業の活動領域や企業の将来の発展の方向性についての大きな指針がもたらされたということから，企業ドメインの定義によって，企業は策定する戦略を大きく左右されることがわかる。

2.2 企業ドメインと経営者のビジョン

企業ドメインの議論においては，市場ニーズの観点に立って，企業の活動領域と将来の事業展開の方向性を定めることが重要であることが指摘される。同時に，いくつかの研究においては，定義された企業ドメインの機能と逆機能に

関連し，企業ドメインが機能する条件についての検討がなされている。Thompson（1967）や榊原（1992b）の議論によれば，組織のメンバーが持つ企業ドメインの認識とある程度合致している必要があると考えられる。定義された企業ドメインが企業活動の指針としての役割を果たすためには，定義された企業ドメインと，組織成員によって認識された企業ドメイン定義が合致することが不可欠になる。ただし，この合致は不完全かつ部分的なものでも構わない。このような，企業ドメインの定義と組織のメンバーの認識とが合致している状態を「ドメイン・コンセンサス」が成立している状態と呼び，この状況に至って，企業ドメインが機能するとされる。

他方で，Collis and Porras（1994）の議論から示唆されるように，企業の現在の姿や企業の将来像や指針を表現する経営者のビジョンは，企業の発展に一定以上の影響を持つ。特に，それは，経営戦略の策定に寄与するだけでなく，企業の組織成員の動機づけにも深く関わる。経営者が環境の状況を認識するなかで，企業が環境にどのように関わっていくか，つまり，企業がどのような領域において活動していくかが決まり，さらに，その領域において，実際の活動の指針である戦略が定められるからである。その意味において，経営者のビジョンと企業ドメインには，それらの間に密接な関係が存在すると考えられる。

その関係は，経営者のビジョンの企業組織への浸透を取り扱った研究においても散見される。それらの研究においては，経営者の考えや思い，ビジョンに基づいた環境認識や戦略策定を重要視するとともに，それらのビジョンが企業内の成員に共有されているか否かという点も重要とされる。同領域の代表的な論者のひとりであるSchein（1983, 2004）は，創業経営者が思いやビジョンを具現化しようと内発的に駆り立てられた結果が企業の設立であることから，その思いやビジョンはある種企業の活動そのものに表されると主張した。

経営者のビジョンと企業ドメインとの関係は，経営者に代表されるような企業組織内の個人の価値観や信念が企業組織内部のメンバーに波及・共有を取り扱った研究（Schein 2004；Albert and Whetten 1985；Kimberly and Bouchikhi 1995；Harris and Ogbonna 1999；Boers and Brunninge 2010) からも示唆を得ることができる。とりわけ，有益な示唆としては，創業者（あるいは，彼／彼女を含む経営陣）の信念や価値観が企業組織内部のメンバーを対象に，社会化されなければならないという指摘がある。

上述のように，企業の活動領域や将来の事業展開に多大な影響を及ぼす企業ドメインと，その定義における下敷きとなり，さらには定義された企業ドメインが機能する条件にも寄与する経営者のビジョンとの関係について，多くの既存研究からも，その密接さが想起される。

経営者は，企業外部の環境を認識し，それに適応する組織行動を生み出す基盤となる組織的コンテクスト (Pfeffer and Salancik 1978) を定義する。企業のとりうる戦略は，企業の保有する経営資源に基づいて策定される一方で，企業の将来の事業展開の方向性によっても規定される（伊丹　1984）という関係を踏まえれば，企業ドメインの定義および経営者のビジョンが経営戦略の策定やその成果に及ぼす影響は少なくない。とりわけ，企業の将来の事業展開の方向性については，大きな影響が想定される。

以下では，株式会社ウッドワンの成長プロセスにおけるいくつかの事例の記述と，当該事例に直接的な関与を持つ創業経営者への聞き取り調査の内容に基づき，創業者のビジョンと企業ドメインの定義との密接な関係の存在，およびその中身について確認する。

3．事例：株式会社ウッドワンの企業ドメインの確立

本章では，小規模の移動林業および製材業を営む個人商店であった中本材木店（1935年創業）が，現在では国内有数の木質総合建材メーカーの一つである株式会社ウッドワンへと至るプロセスを取り上げる。特に，その企業成長プロセスにおいて，同社の実質的な創業者である中本利夫氏（故人。インタビュー当時は名誉会長）のビジョンと同社の企業ドメインの定義との関係を確認してい

く。

　本節の内容は，社史等のアーカイバルデータと2005年に実施した中本氏へのインタビューに基づいたものである。インタビューでは，あらかじめ設定した質問項目に沿ってインタビュイーから話を聞き出す，半構造化インタビューの手法を採用している。質問項目には，同社の創業から国内有数の住宅建材製造企業へと至る過程において行われた，経営者としてさまざまな意思決定やその当時の状況および心境について問う内容が含まれている。

3.1　株式会社ウッドワンの概要

　株式会社ウッドワンは，広島県に本社を置く木質総合建材メーカーである[1]。広島県の山間部における製材業と材木店経営を経て，1952年に有限会社中本林業として創業し，製材業から建材メーカー，木質総合建材メーカーへと順調に事業拡大を続け，国内有数の建材メーカーの一つへと成長を果たした。その間，工場等の生産拠点の海外進出に留まらず，海外の国有林の経営権の獲得や，国内の森林リゾートの経営など[2]，国内の建材メーカーの中では独自の事業領域を確立していることでも知られている。また，事業拡大および多角化に伴い，社名を中本林業から，株式会社住建産業を経て，株式会社ウッドワンへと変更している。

　同社の売上高は2018年までの5年間で650億円から690億円の幅で推移しており，国内の建材市場では上位に位置している[3]。前述の海外国有林の経営を通じて，自社で管理する林地からの供給で必要な原木のほぼ全量を賄えるという特徴を持つ。

　同社の企業成長およびそれを支えた事業展開の多くは，創業した1952年から2000年にかけて経営を担ってきた中本利夫氏によって策定・実行されてきた[4]。

3.2 有限会社中本林業（1952年設立）から株式会社中本林業（1960年変更）にかけて

1935年に広島県佐伯郡吉和村（2003年に広島県廿日市市に編入）において，中本利夫氏の父である中本勇氏が移動製材業を営む中本材木店を立ち上げた。これが，株式会社ウッドワンの起源といえる。中本利夫氏は，1947年3月に旧制中学校を卒業した後の同年8月に，中本材木店で父とともに働くこととなった。1952年には，法人化に着手し，有限会社中本林業が設立された。ただし，法人化の前後で営業規模の実質的な変化は無く，近隣の山林における数名での移動製材業を中心としたものであった。その後の1956年に，同地域の経済の中心地であった廿日市市に土地を購入，製材工場を設立し，同社の新たな拠点となった。これにより，同社の事業は移動製材から工場での帯鋸製材へと移行することとなった。

移動製材時代における中本氏は，毎日山の製材現場へ行き，製造された板材を乾燥させたり，乾燥が終わった板材を担いで運搬したりという現場作業をおよそ4年間にわたり続けていた。この時の経験が，同社が最初に迎えた大きな成長機会に関係する。

1954年に，中本氏が近隣の同業者の手伝いで仕事をした際，フローリングの存在を初めて知ったことをきっかけとして，1957年に同社は近隣で採れるブナ材を用いたフローリングの製造を開始する。開始当初は営業面での苦労があったものの，同社製品の品質の高さもあり，需要が増加するとともに急速に売上を伸ばした。

当時のことについて，中本氏は次のように述べている。

「その頃はね，こういう状態で（移動林業の写真，山中で原動機を輸送している写真を指し示しながら）中国山脈にまだ天然林がありましたね，俗に言う山師っていうんだけど，土の中掘るのが山師なら木を切るのも山師でね，今流に言ったら素材生産業ですよ。そうすると，ブナの木もナラの木もス

ギの木もあるわけね。そのブナの売り場がのうて困っとるわけ。ほいだら，向かいの山は広島の材木屋さんが買うてね，冬に雪が降っとるのに雪を除けてブナを出したいと，手伝うてくれ言うて，行かれはせんよ。どうせ除けてもまた明日降るけぇのと思うのに，じゃけぇ，何にするのそおに，こっちはブナが売れんで困っとるのにね。いや，フローリングいうのを僕は知らんのでね，風呂桶でも作るんかと思ってよお聞いたら，床板でしょ。フローリングいうことさえ知らんかった。それでね，聞いたらこれは儂がやっても出来るわいと…我方の山でいっぱいブナが売るのに困るほど出ているんだからね。それが頭の中に関心があって，それはまだ吉和時代ね。それで，まもなく廿日市に出た。やっぱり，廿日市に行ってもブナの丸太の処分に困る。それで，昭和32年だったろうな，そのフローリング工場を自分で造ろうと。…（中略）…それから，フローリングを作った。ああ，この販売に苦労したな。物は出来るがね，三月たっても1つも売れずと。本当に1つも売れないんだよ。」

「（営業活動も）自分でやろう思うんじゃがね，日本農林規格があるし，用途先が小学校であったり中学であったり公共工事でしょ。フローリング工業会に加入せにゃやれん，JAS の農林規格を受けにゃならん，散々やって最初に使ってくれたのが専売局だった。それをね，また，専売局に行ったら買うてくれなんだのに，北海道かどっかから来る荷物が，床を剥ぐって駅へ取りに行ったら荷物が着いとらなんで担当者が大慌てで，中本林業いうのが買うてくれ言うて来たから行ってみいや言うて，うちへ来てこうやりおるから，こりゃ使えるでとか言うてね。おい，明日入れえと。床剥ぐってあるんじゃけえね。それがきっかけで専売局が使ってくれて…それで，広島市は市で市高専だとかそういう連中が専売局の方にかけて，おい，中本のフローリングは使えるかどうじゃとか。そういうようなことで，市が全面採用してくれたりね。」（括弧内筆者）

(2005年10月7日 中本利夫氏インタビューより）

その後，民間向け市場を中心とした，南洋材のアピトンを用いた住宅向けフローリング需要の存在が明らかとなり，1962年に同社はアピトンフローリング製造に参入した。参入に当たっては，すでにブナ材でのフローリング製造を行っていた点に加えて，すでに経営に参画していた中本氏の判断に依るところも大きい。中本氏は，同社の移動製材業時代において，長期間にわたって，木材の加工に現場で従事していた。その経験にもとづき，アピトンフローリング製造の既存企業の製品が市場の要求水準を満たし切れていない点を認識していた。具体的には，製品そのものの品質もさることながら，フローリングを敷設する際の建築事業者の手間を省くことによるコストダウンへの貢献ができるという点であった。

上記の点については，中本氏は次のように述べている。

「そうしよったら，今度は中国山脈のフローリング，ブナの木がどんどん無くなっていくね。それから，官公需要から戦後生まれの台風人口が過ぎて，また人口が減って，学校の4つの教室のうち1つを音楽室にしたりとか，もう増設分は済んでる。こりゃ，民需の時代が来るでと，住宅時代にね。そん時にこのブナ・フローリングなんていう高いものはとても使えないしね。当時，もう，南洋材のアピトン・フローリング時代にまがりなりにも出よるから。フローリングを作る技術はある。南洋材からみれば桁違いの技術力をこっちは持ってるんでね。それで，アピトン・フローリングへ展開と。それはね，世の中がどう流れていくと。同じ床板でもね，ブナの時代は過ぎたなぁ，資源から見ても需要から見ても。床板を作ることを覚えた中本林業が床板でどっち行きゃと言や，住宅時代に入るでと。住宅の床は難無いと。そこで，アピトンへ技術転換をして，あっと言う間に業界のトップメーカーに躍り出たんじゃがね。だから，先見性いうと大げさだけどね，どっちの方向へ進んでいくということを見定めにゃいかんね。」

「そう。ブナがどんどん伸ばす間は考えんが，これは将来性が無いでと思

うときはそれ行きますね．そいで，アピトン・フローリング時代から見て，住宅はだんだんと高級化しよるね．脂がねちゃねちゃ靴下につくようなものを，天日乾燥だしね，住宅はどんどん質が良うなるのにこれで将来は問題があるなと．床板の欠点とはなんぞやと，張りあげてから空くことですね．天日乾燥材だから，乾燥したら空いちゃう．空かない床板，品質的には．それで，しかも，アピトンなんていう大衆品じゃなしに，銘木ね．これなんかも皆単板が張ってあるわけですよ．そりゃもう，スライスしたのを張るんだからね．そういうものじゃ，どうだとなると，合板ってのはクロスするから伸び縮みを止めますね．それみて，スライスで薄いのを張って．そしたら，無垢なら大変な値段がかかる．それを，0.5とか1mmのスライスのを張ったら，見た目は高級品で適当な価格でね．しかも，合板が基材だから空かない，反らないね．品質と大衆価格へ適応した長尺縁甲『フロング』と名前をつけたけどね．これが一世を風靡して．まあ，簡単に言えば独占市場のような形で長尺縁甲時代を作り上げたですね．それから，この延長線上はどういう風に進んでいくかってことをやっぱり見にゃね，先を読まにゃ．大げさに言えば，先見性．そういう習慣をつけたらね，そういう眼が育つもの．」

「これはね，ブナ・フローリングで苦労したから，乾燥でね．日本農林規格でいくと，含水率いうのは13%以下．それくらいになると，広島・山口の平衡含水率は年間15.5ですから，まあ，それは梅雨時期と2月3月の乾燥時期はちょっと違いますがね，1年間の気候がね15.5がバランスで，それ以下にしよう思うたら，人工乾燥にしないと降りてこない．天日乾燥では，まあ，17%いう規格を僕は作ったが，いわゆる市場に流通しとる一般の床板のね農林規格を17%以下ででたが，うちの社内規格をそのまま使ったんですがね．それは，ブナで苦労しているがゆえに，空かないとは言い切れんが空きにくい，なんとか耐えられる17%にしたんでね，それが圧倒的な人気で，他所はブナ板みたいなものだから張ってからこうな

る (筆者注：手振りつき) わけね。うちのは梳かないのよ。それと，大工さんが鉋で削るとね，4mのを削ると1日に3坪か4坪しかやれんのを超仕上げでしゃしゃしゃーととってあげる。これは，乾いとらんとかからんの，その鉋がね。他所のはかけよう思っても生の木じゃけ，超仕上げかからんのよ。うちのはよう乾燥しとるけ，しゃしゃーととる。それで，角の面をねこれをこうとるか (注：手振りをつけながら) いうたら，現場がすぐできるけど，刃物をセットしたら面も取れるんだね。こうして，やってみれば1枚何秒で出るんだから，1日に3坪や4坪しか削れなかったのが，しゃしゃー，しゃしゃーとあんたあっと言う間に仕上がっとる。圧倒的な人気ですね。その基本が乾燥なんです。」(括弧内筆者)

(2005年10月7日 中本利夫氏インタビューより)

実際に，1963年に同社はフローリング工場を増設し，アピトン・フローリングの製造体制を整え，販売開始から2年間で中国地方で40％のシェアを獲得するに至った。それにより，国内有数の住宅建材メーカーとしての基盤を築くことに成功した。

3.3　株式会社住建産業 (1969年に社名変更) から海外の森林経営権獲得 (1990年) まで

その後，株式会社住建産業への社名変更を経て，国内の住宅建設需要の活性化とともに，同社はフローリング材から他の住宅建材のカテゴリへと事業範囲を拡張した。1992年には，システムキッチンなどの水廻り関連のカテゴリや収納システムのカテゴリへの進出を達成した。これによって，同社は総合建材メーカーとなるに至った。

この時期，同社の順調な事業範囲の拡張と並行して，生産拠点の海外進出も行われていた。その中での異色な取り組みとして，ニュージーランドの国有林の国際入札に参加し，森林経営権を獲得するということが行われた。

海外の広大な森林用地の経営権を獲得するという取り組みは，単に，低コス

トな原材料の安定供給を目指す一方で，中本氏の独自のビジョンを実現化するという意味合いも持っていた。中本氏は元々森林経営の理想ともいうべきモデルを内心に温めており，それを同社のそれまでの経営方針にも一定程度反映させていた。そのモデルとは，森林の伐採から材木の加工，建材の製造・販売を経て，その利益でもって植林を行い，事業全体の源泉となる森林を育てるという循環的なものであった。同社では部分的に実現していたものを，海外の広大な森林用地を対象に，さらに完成度を高めて実行するという試みで，同社の大規模な投資が実行された。

　この点に関し，中本氏は次のように述べている。なお，中本氏が言及している中本造林とは，1959年に同社の山林事業部を子会社化した企業である。

「(…略…) 鹿野さんが農林大臣でしたが，パーティの時にね，東大の先生か何かが大会委員長でね，審査委員会を…私は中本造林には直接関係ないんじゃから，審査に来られても立ち会うことは無かったんじゃが，そうしたら，私に，『その，県庁からね推薦状が来て，中四国代表で農林水産大臣賞貰うて…』，全国7つのブロックが大臣賞貰うんですが，その唯一最優秀賞が天皇杯ね。『県から推薦状が来たらね，苗木を自分で作って，自分の作業班で木を植えて，作業土も自分の所でね，村の土建屋よりも規模が大きいようなのを持って，伐採・搬出も自分でやって，そのものを自分の所の製材工場で製材して，それで，ヤキスギに加工して，それで，自分の販売網で売ってのけて，出た利益をまた山に投資する。そりゃ，森林経営の理想ではあるが，世の中におるのかと。親子三代，苗木を作る人は苗木屋が分業，製材工場は市場へ行って丸太を買うてきて，製材やる。山主いうのは素材屋さんに山で売ったり，ええのが作業何して，市場へ行って原木で売る。出来た製材屋は買うてきて製材し，出来た製品をまた市場へ持ってって売って，小売屋が来て，それいるものを買うて，それから大工さんに納材と，全部分業だよ』とね。『それを，苗木から山を自分の山で，

苗木も育てて，植えても切っても，最後はヤキスギにして，市場へ持っていかんと自分で売って歩いて，理想じゃがおるか』と。そしたら，『例がない。こりゃ，見にいかんとおかしいでと，見に行ってみたら，ちゃんとやってんだよね』と，審査委員会で。2つ推薦を出して，どっちにしますかといのが常道だそうな。うちと出たのは福島県にある小岩井農場いうのがあるね，農業なんじゃが，これは100年の歴史があるから山も結構持ってるんですよ。こっちは中本造林，出来てまだ何十年でしょ。その2つになってね，満場一致で，そんな会社は本当にあるかとなって，こうこうだって言うたら，そりゃ文句なしに言うて全員賛成で中本造林が天皇杯決定したんだと。そういうて言うてくれてね…なるほど，そういえば仰るように理論であってね，それを皆やったのはおらんね，皆分業…私には何の不思議も無い。それをニュージーランド行って，全部いっぺんに皆やっちゃってるの。中本造林の規模とは桁違いに大きいのを…私にとっては何の不思議さはないね。」　　　　（2005年10月7日 中本利夫氏インタビューより）

　ニュージーランドの国有林の経営権獲得においては，その入札前の1年間に中本氏自身が13回にわたって現地を訪れ，山の中を歩き回った。その結果，同国有林では，樹木の樹高生長が年間1〜1.5mと，日本のスギやヒノキの2〜3倍であり，かつ標高差の少ない丘のような地形で構成されるため，植林・伐採を行う地としては理想的であることが明らかとなった。

　中本氏は同国有林において，植林と育林，伐採を繰り返すサイクルの確立を目指した。このサイクルとは，たとえば，植林した樹木を30年かけて育成した後に伐採すると設定した場合，森林を30区画に分けて，同じ樹齢の樹木を同じ地区で育てる。30年経過した地区の樹木を伐採後，植林を行い，翌年には，次に30年経過した地区で伐採・植林を行う。これを繰り返すことで，森林面積を減らすことなく，毎年同程度の伐採量の確保が可能になる。

　同事業の構想は，東南アジアの熱帯雨林の天然木を伐採することで原木を得

るという当時の林業の標準的なやり方に対する危機感や，環境保護についての国際的な意識の高まりの予見がその契機となっている。一方で，建材の原料となる原木の安定供給のために，植林から手がけることにまで至るというのは，創業期あるいはそれ以前より，林業に携わっていた中本氏個人の経験に依るところが大きいと考えられる。

4．おわりに

　本章では，企業ドメインの形成と創業者のビジョンの結びつきとについて，株式会社ウッドワンの成長プロセスの事例を通じて確認してきた。企業の現在の活動領域を定め，将来の事業展開の方向性を示す企業ドメインの定義においては，企業の直面する環境の認識と企業が身を置くコンテクストの定義という経営者の役割が大きな比重を占めている。したがって，経営者の信念や価値観であるビジョンが企業ドメインの定義に影響を及ぼし，ひいては，そのドメイン定義に基づいて作り出される戦略を左右する。

　本章の結びに代えて，創業者のビジョンと企業のドメインの形成との関係について，今後の研究の論点について考えたい。

　第一に，企業ドメインの形成と創業者のビジョンとの関係について，相互作用の検討である。本章では，創業者のビジョンから企業ドメインの形成に対する一方向の関係経路に着目した。一方で，創業者のビジョンが明確になされていない状況においても，企業ドメインの形成が図られる，あるいは先行的に達成されるケースも想定される。その場合，先行的に形成された企業ドメインからの影響を受けて，創業者のビジョンが明確にされるという関係が存在するであろう。さらには，企業ドメインの形成と創業者のビジョンの洗練・明示化との間に，循環的な関係経路が存在しうる。

　笹本・加藤（2015）が指摘するように，企業ドメインについての既存研究では，ドメインの再定義という形で議論が展開している。笹本・加藤（2015）の主張

する，企業ドメインに基づく戦略展開とそれに次ぐ企業ドメインの設定といった連続的なプロセスにおける，企業ドメインの設定と戦略展開との関係に焦点を当てる必要がある。

　第二に，企業ドメインの形成が創発的に行われる可能性を検討する必要がある。本章では，創業者のビジョンという企業組織のトップの個人的特性とも捉えられる要素によって，企業ドメインの形成が導かれるという議論を展開してきた。一方で，戦略策定についての議論において，計画 (planning) と創発 (emergent) という対照的な視点が検討されてきたように (Mintzberg 1978；1990；Mintzberg and Waters 1985)，企業組織内のどの階層において，企業全体の方針に関わる中心的な作業がなされるのかという問題については，多様な見方が可能である。このような状況を踏まえれば，企業ドメインの形成においても，その主体が必ずしも企業トップに限られる必要は無いと考えられる。

　松本 (2012) が主張するように，ドメインに階層性を想定し，組織間で階層性 (あるいはそれに対する認識) が異なるのであれば，組織内で独立性・自律性の高い部門の管理者が当該部門のドメインに対して独自の見解を持ち，それが全社的に浸透する (あるいは，経営トップによって承認される) という状況は生じうるだろう。そこにおいては，戦略策定と同様に，企業ドメインの形成について創発的なプロセスを想定し，分析することが可能だと考えられる。その分析視角においては，創業者 (経営者) によって示されるビジョンによる組織成員，とりわけミドルマネジメントへの影響と，企業ドメインの創発プロセスとの関係に焦点を当てた議論が必要であると考える。

　本章では，創業者のビジョンと企業ドメインの形成との関係に焦点を当て，株式会社ウッドワンの企業成長プロセスの事例に基づき，確認を行った。本章では，因果関係を明らかにするまでには至らなかったものの，新たな論点を提示することで，今後の展開可能性を一定程度示すことができたと考える。新たな論点に基づくさらなる議論については，今後の課題としたい。　　（大原　亨）

謝　辞

　本章の着想および中核となった聞き取り調査においては，故・中本利夫氏（当時・株式会社ウッドワン名誉会長）に多大なご協力をいただきました。また，山下三郎氏（当時・廿日市市長）には，中本氏のご紹介をはじめとする研究全体に対しご支援をいただきました。ここに感謝いたします。

注

1) 建材（あるいは建築材料）とは，住宅などの建築物を建てるときに用いられる材料を指し，建築物の基本的な形状を形作るための素材・材料を指す。したがって，トイレやバス，キッチンなどで使用される便器やバスタブ，給湯器，シンク，エアコンなどのいわゆる住宅設備は含まない。
2) 広島県廿日市市吉和にある女鹿平温泉にて，温泉リゾート施設「クヴェーレ吉和」や「めがひらスキー場」を開業・運営している。
3) 国内の建材市場における有力メーカーとして，ウッドワンの他にパナソニックエコソリューションズ社や大建工業，永大産業，ノダ，ニチハといった企業が挙げられる。
4) 法人化した 1952 年には，中本利夫の父の勇氏が社長，利夫氏が専務に就いた。利夫氏の社長就任は 1977 年ではあるものの，法人化の翌年より同社内では実質的な最高経営責任者としての位置づけであった（住建産業　2002）

参考文献

Abell, D. F. (1980) *Defining the business: the starting point of strategic planning*, Prentice-Hall.（石井淳蔵訳，1984『事業の定義』千倉書房）
Albert, S. and Whetten, D. A. (1985) "Organizational identity," In Cummings, L. L. and Staw, B. M. (ed.), *Research in Organizational Behavior*, Vol.8, JAI Press.
Ansoff, H. I. (1965) *Corporate strategy*, MacGraw-Hill.
Beckard, R. and Dyer, W. G. (1983) "Managing continuity in the family-owned business," *Organizational Dynamics*, summer : 5-12.
Boers, B. and Brunninge, O. (2010) "Pre indentities and founding identities: how references to the early stage of firm formation are used in organizational identity construction," *Second International Symposium on Process Orgaization Studies*.
Collis, J. C. and Porras, J. I. (1994) *Built to Last*, Curtis Brown.（山岡洋一訳，1995『ビジョナリーカンパニー』日経 BP 出版センター）

El-Namaki, M. S. S. (1992) "Creating a corporate vision," *Long Range Planning*, 25 (6): 25-29.
Levitt, T. (1960) "Marketing myopia," *Harvard Business Review*, July-August.
Hambrick, D. C., Geletkanycz, M. A. and Fridrickson, J. W. (1993) "Top executive commitment to the status quo: some tests of its determinants," *Strategic Management Journal*, 14 (6): 401-418.
Harris, L. G. and Ogbonna, E. (1999) "The strategic legacy of company founders," *Long Range Planning*, 32 (3): 333-343.
伊丹敬之 (1984)『新・経営戦略の論理』日本経済新聞社
伊丹敬之・加護野忠男 (1993)『ゼミナール経営学入門 (第3版)』日本経済新聞社
住建産業 (2002)『WOOD ONE 住建産業50年史』
Kimberly, J. R. and Bouchikhi, H. (1995) "The Dynamics of organizational developometn and change: how the past shapes the present and constrains the future," *Organization Science*, 6 (1): 9-18.
Kotter, J. (1990) *A force for change: how leaderdship differs from management*, The Free Press.
松本陽一 (2012)「ドメインの階層性:戦略分析の新しい視角」『組織科学』45 (3): 95-109
Markides, C. (2000) All the Right Movies: A Guide to Crafting Strategy, Harvard Business Review Press.
Mintzberg, H. (1978) "Patterns in strategic formation," *Management Science*, 24(9): 934-948.
Mintzberg, H. and J. A. Waters (1985) "Of strategies, deliberate and emergent," *Strategic Management Journal*, 6 (3): 257-272.
Mintzberg, H. (1990) The design school: reconsidering the basic premises of strategic management. *Strategic management journal*, 11 (3): 171-195.
Pfeffer, J. and Salancik, G. (1978) *The external control of organizations: a resource dependence perspective*, Harper & Row: New York.
榊原清則 (1992a)「ドメイン―企業の生存領域」『組織科学』25 (3): 55-62
榊原清則 (1992b)『企業ドメインの戦略論―構想の大きな会社とは』中央公論社
笹本香菜・加藤敬太 (2015)「企業ドメインの戦略展開プロセスにおけるビジネスシステムの形成:パイオニアジャパングループ・6次産業化の事例から」『日本経営情報学会誌』35 (2): 4-14
Schein, E. H. (1983) "The role of the founders in creating organizational culture," *Organization Dynamics*, summer: 13-28.

Schein, E. H. (2004) *Organizational culture and leadership*, Jossey-Bass.
Tills, S. (1969) "Making strategy," In H. I. Ansoff (ed.), *Business Strategy*, Penguin Books.
Tregoe, B., Zimmerman, W., Smith, R. and Tobia, P. (1989) *Vision in action: putting a winning strategy to work*, Simon & Schuster.
Thompson, J. D. (1967) *Organization in action.* McGraw-Hill. (高宮晋監訳・鎌田伸一・新田義則・二宮豊志訳『オーガニゼーション イン アクション』同文館, 1987)
Uzzi, B. (1997) "Social structure and competition in interfirm networks: the paradox of embeddedness," *Administrative Science Quarterly*, 42 (1) : 35-67.
Wilson, I. (1992) "Realizing the power of strategic vision," *Long Range Planning*, 25 (5) : 18.

第6章

企業家育成における企業家の意思の意義

1．はじめに

　企業家育成を考える際，アクセラレータ，行政，大学といった企業家を育成する側の立場と，企業家やその予備軍のような育成される側の立場との，2つを考える必要がある。本章は，育成される側の，意思（intention）[1]を持つ企業家の立場から展開される。企業家は創業しようとする意思をもつことで創業し，事業を成長させようとする意思をもつことで事業成長の取り組みをはじめる。合理的な判断材料と事業の遂行能力をもつ人物がいたとしても，その人物が事業を開始する意思をもたなければ，「そうせざるを得ない状況」に追い込まれない限り，事業は開始されない。

　国内の研究ではこのような企業家の意思（entrepreneurial intention）の問題が取り扱われることは少ない。パフォーマンス追求として経営学を位置づければ，そのパフォーマンスは企業家の行動によって左右される。そのため，行動につながるかどうかわからない「意思」を見過ごしてしまいがちであった。あるいは，あまりに当然のこととみなされたためか，意思の問題を取り扱うことは少なかった[2]。しかし，特に近年において，企業家研究で取り扱われる意思は，行動の先行要因として注目を集めている。企業家教育と深い関係をもつ企業家の意思の問題は，今後の日本の企業家育成研究においては避けられない問題となる。

　筆者は小野瀬（2007）において，企業家の意思をもとにベンチャー企業の継

続について説明した。この研究は，国内における意思の研究のさきがけのように見えるが，そこで使用された企業家の意思は，企業家のもつ革新的事業への志向を数値化したものにすぎない[3]。それは企業家活動 (entrepreneurship) とは別概念として区別するために，既存文献をもとに当時国内ではあまり使用されていない概念として，ほぼ便宜的に使用されたものであった[4]。

しかし，世界の企業家研究はより厳密に企業家の意思を議論するようになった。このため，この章では次の点を問題意識として，現在の世界的な研究動向からこれらの点を明らかにすることを目的とする。それは，第一に企業家の意思がどう扱われているのか，第二に企業家の意思の研究はこれまでどのように展開されたのか，第三に意思と企業家育成との関係はどのようなものか，といった点である。

2. 企業家教育における企業家の意思

2.1 企業家の意思の一般的理解

企業家の意思は，創業や企業成長あるいは新事業などを目標とする行動への意思であり，その行動の予測因子として位置づけられる (Ajzen 1991；Krueger 1993；Fitzsimmons and Douglas 2011；Souitaris et al. 2007 など)。たとえば，創業し独立することを志向する意思 (Bird 1988；Krueger 1993；Souitaris et al. 2007；Gupta et al. 2009；Kuckertz and Wagner 2010；Shinnar et al. 2012；Siu et al. 2013；Walter et al. 2013；Bae et al. 2014) や，企業を成長させる意思 (Davis and Shaver 2012) や，事業目標に対する意思 (McMullen and Dimov 2013)，新しい取り組みを起こそうとする意思 (小野瀬 2007；Davis and Shaver 2012；Hayton and Cholakova 2012；Fini et al. 2012)，事業を継続させようとする意思 (Kuckertz and Wagner 2010) などが企業家の意思として示されることがある。このように 90 年代以降，特に近年になって企業家の意思の研究分野は近年世界的に急速に発展し，企業家研究の一領域となってきている。

企業家研究領域で意思というジャンルは，それだけで独立して存在しているわけではない。企業家研究における意思を幅広く文献レビューした Liñán and Fayolle（2015）は，その研究領域を図表6-1のように整理した。そこでは，企業家の意思の研究は，それ自体のコアモデルを明らかにしようとするもの，企業家教育との関係，個人レベルと意思の関係，企業家プロセスとの関係，あるいはコンテキストや制度との関係を分析しようとするもの，が示されている。この研究領域を示すものとして，次の5つのアプローチに分類して説明がなされている。それは，①理論上の知識を深め，方法論的な問題を分析し企業家の意思モデルを追求しようとするもの，②意思の構成における個人レベルの変数の役割を明らかにしようとするもの，③企業家教育と参加者の意思との間の相互関係を明らかにしようとするもの，④コンテキストと制度が意思形成にあたえる役割を明らかにしようとするもの，⑤創業のプロセスと意思―行動との関係を考察するというもの，である。このように意思は，単にそれ自体のみが議論されているわけではなく，さまざまな企業家研究領域とあわせて発展している分野である。企業家育成と関係するのは上記の③であるが，後述するように他の領域でも学生をサンプルに設定した研究がなされている。

図表 6-1　Liñán and Fayolle（2015）の意思の研究カテゴリー

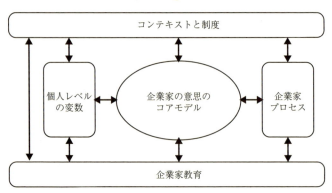

出所）Liñán, F. and Fayolle, A.（2015）（4）：912 より筆者作成

2.2 企業家の意思の研究
2.2.1 企業家イベントモデル

ここでは意思の研究の簡単な紹介を行う。企業家の意思の研究の領域のはじまりとして位置づけられることが多いものがShapero and Sokol (1982) の企業家イベント (entrepreneurial event) である (pp.72-90)。企業家イベントの仮説は企業家的な行動の先行要因をみるものである。ある人物がなぜ創業に踏み切ったのかの理由を探れば，その人物になんらかの出来事や傾向があると考えることができる。このため，後述するようにBird (1988) によっても意思の研究領域における最初の文献の一つとしてあげられる。

Shapero and Sokol (1982) の企業家イベントの観点は，企業家の経験する出来事をもとに企業家を位置づける。[5]意思自体が中心的に扱われているわけではないが，ここで示される仮説は，知覚的望ましさ，すなわち価値観が実現可能性の知覚に影響し，行動に影響するというものであり，後年の研究に大きな影響を与えている。このように企業家イベントのモデルは意思の研究領域のはじまりとして見られ，いくつかの研究によって中心的に取り扱われている (Krueger 1993 ; Lee et al. 2011 ; Schlaegel and Koenig 2014 など)。

2.2.2 意思モデル

企業家研究において意思が広く知られるようになったのは，当時ケースウェスタンリザーブ大学のBarbara Birdが1988年に *Academy of Management Review* 誌に掲載した "Implementing Entrepreneurial Ideas: The Case for Intention" である。そこでは，2つの思考をもとに影響された意思 (intentionality) が行動 (action) につながるとするモデルが示されている。この意思をめぐる一連のプロセスが企業家関連のジャーナル誌ではなく，一般的なマネジメント研究誌であったことは興味深い。図表6-2に示されるように，ここで示された意思は，合理的で分析的な因果関係に基づく思考と，直観的で全体的な文脈的思考とによって影響されると位置づけられている。それらのうち因果関係に基づく思考は社会的，

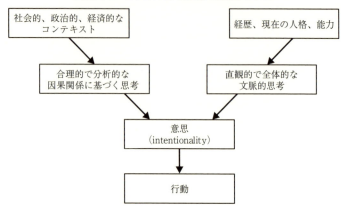

図表 6-2　Birdによる意思の形成モデル

注）原文で示された intentionality は「意思」や「意図」それ自体よりも「意図されたこと」を意味する。
出所）Bird, B. (1998) 13 (3)：444 より筆者作成

政治的および経済的な状況に影響され，他方で文脈的思考は個人の経歴や現在の人格と能力に影響されるとしている。

Bird (1988) をもって，複数の要因から決定される意思という側面，創業しようとする方向性，意思を持つことによって行動が引き起こされる，といった現在の企業家の意思の研究領域の中心的な内容がそろう。

Bird (1988) は既存研究から，創業者の野心とスキルが企業規模とベンチャーの成長可能性を決定するという傾向を見出し，その上で意思の重要性を主張する。特に，意思は組織開始時の組織の形成と方向づけとを決めるものとして位置づけられている。具体的には，創業後の組織の成功，発展，成長，および変革は意思に基づいているとされた[6]。このモデルでは創業を前面に出したことも現在の研究につながる点として注目される (Souitaris 2007 など)。

2.2.3　予定行動理論モデル

現在の企業家の意思関係の分析フレームワークの基礎は先に挙げた1980年

代の企業家イベントモデルや Bird の意思モデルあたりにある。しかし，90年代になると，現在多く引用され支持されている Ajzen (1991) のモデルが登場する。

彼が切り開いた研究領域である予定行動理論（The Theory of Planned Behavior）は，現在でも多く参照される（Sheeran 2002 ; Kautonen et al. 2015 など）。意思は行動の予測因子として位置づけられ，その意思は行動への態度，主観的規範，知覚された行動コントロールとの3つによって影響されるとしている。このモデルの特徴は，意思に先立つ知覚された行動コントロールが行動に影響すると位置づけている点である。

現在の調査結果は，企業家イベントモデルと計画行動理論モデルをともに支持している。Krueger (1993) によって Shapero and Sokol (1982) の企業家イベントモデルは意思のモデルへと改良され，Ajzen の予定行動理論モデルととも

図表6-3 Ajzen による予定行動理論モデル

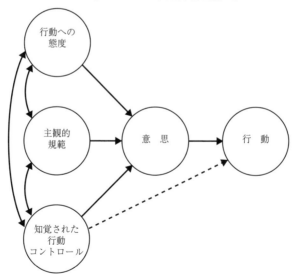

出所）Ajzen, I. (1991) 50 : 182 より筆者作成

に調査分析された。Krueger（1993）の調査結果は両方のモデルを支持するものであったため，これらのモデルが企業家研究における意思の領域の基礎となった。このことから Shapero and Sokol（1982）と Ajzen（1991）が企業家の意思の初期の重要な研究として位置づけられるようになったのは Krueger（1993）の影響が大きい，といえる。さらに，2つのモデルを追試した Schlaegel and Koenig（2014）による96研究114,007サンプルのメタ分析は，その膨大なサンプルサイズから説明力の高いものとして見られている。この調査結果も2つのモデルをともに支持するものであった。

このように，伝統的に意思は行動の予測因子として位置づけられ，追試され，精査されてきたものであった。そこでは，意思が形成されると，実際の行動が期待されるというものとして位置づけられている。多くの調査結果は，実際の行動に対する意思の予測妥当性を支持してきた。たとえば，過去10年間の422件の研究を対象とした Sheeran（2002）のメタ分析によれば，意思と行動の相関係数は0.40から0.82までの数値を示し，その平均は0.53である。このことからも意思の問題を無視することはできない[7]。

3．企業家の意思の促進要因

3.1　サンプリング

ここでは，昨今のジャーナル誌に掲載されている企業家の意思の研究から，どのような要素が意思に影響しているのかを説明する。より具体的には *Journal of Business Venturing* 誌，*Entrepreneurship Theory and Practice* 誌および *Small Business Economics* 誌の3つのジャーナル誌から intention を中心的に取り扱った論文を採取し，そこでの調査結果を示していくこととする。

3誌にしぼっているため，ここで示される内容は企業家の意思の研究のなかでもごく一部である。Liñán and Fayolle（2015）の2004年から2013年までのジャーナル掲載論文調査でさえ，当初732論文がヒットされている。当然だが，

以降に発表された論文もあるため，現在この領域の研究は増加している。このことは，この研究領域が世界的には相当なボリュームをもっていることを示すものである。

3.2 企業家の意思への影響要因

ここでは，企業家の意思への影響要因を図表6-4の通り示す。原則的に2000年代から現在に至るまでの文献を示している。ここでは厳密な追試を行うわけではないので，主要なものだけを挙げている。また，追試や複数の分析を行っているものや，複数の要因や組み合わせで調査したものもあるが，今回のテーマに沿うもののみ提示する。事業をはじめることを従属変数として設定されている場合が多い。

図表6-4　企業家の意思への影響要因

研究者，発表年 (掲載誌)	【主な従属変数】 影響を与える要因（＋／－）	サンプル (分析方法)
Souitaris et al., 2007 (JBV)	【事業開始】 自己雇用への態度（＋），企業家プログラムへの参加（＋）	ロンドンとグルノーブルの学生，232人　対照群220人 (回帰分析)
Wilson et al 2007 (ETP)	【事業開始・事業所有】 自己効力感（＋）	米国中学生・高校生4,292名 米国ビジネススクール933名 (標準偏差・相関係数)
Gupta et al., 2009 (ETP)	【事業開始】 企業家の意思に性別の差はみられない	米国，インド，トルコの3大学の学生計352名 (相関係数)
Liñán and Chen, 2009 (ETP)	【事業開始】 個人的態度（＋） 知覚された行動コントロール（＋）	スペインと台湾の大学生519名 (構造方程式モデル)
Kuckertz and Wagner, 2010 (JBV)	【事業開始】 企業家活動への態度（＋），男性であること（＋）	ミュンヘン工科大学学生712名 (プロビットモデル係数推定)
Fitzsimmons and Douglas, 2011 (JBV)	【事業開始】 所有への態度（＋），自己効力感（＋）	オーストラリア，中国，インド，タイのMBA学生414名 (階層的回帰分析)
Collewaert, 2011 (ETP)	【イグジット】 仕事のコンフリクト（＋），コンサルタント経験（＋）	ベルギーとカリフォルニアの企業家72名 (ロジスティック回帰分析)

Kautonen et al., 2011 (SBE)	【企業家になる】 年齢規範（年齢にふさわしい行動をとろうとすること）(+)	フィンランド45〜64歳の成人496名（回帰分析）
Davis and Shaver, 2012 (ETP)	【成長】 若い男性(+)，母親(+)	PSEDデータ企業家1,656名（ロジスティック回帰分析）
Dohse and Walter, 2012 (SBE)	【独立】 ノウハウやノウフーへのアクセス(+)，達成や独立への必要性(+)，リスクテイク(+)	38地域の男子学生1,816人（回帰分析）
Fini et al., 2012 (ETP)	【企業設立】 企業家的行動への態度(+)，知覚された企業家行動コントロール(+)	NTBFデータ企業家200名（構造モデル）
Shinnar et al., 2012 (ETP)	【事業開始】 知覚された支援の欠如×男性（中国：＋／ベルギー・米国：−）	中国，ベルギー，アメリカの大学生761名（PLSパスモデル）
Douglas, 2013 (JBV)	【独立・成長】 自己効力感(+)	タイビジネススクール学生140名（見かけ上無関係な回帰）
Douglas and Fitzsimmons, 2013 (SBE)	【事業開始】 自己効力感(+)	オーストラリア・中国・タイ・インドの企業家コース学生計414名（回帰分析）
Walter et al., 2013 (ETP)	【自己雇用】 大学での企業家教育(+)	25大学学生1,530名（階層的線形モデル）
Siu et al., 2013 (ETP)	【事業開始】 社会的規範(+)，自己効力感(+)	香港大学MBA学生219名（構造方程式モデル）
Bae et al., 2014 (ETP)	【事業所有】 企業家教育(+)（ただし教育内容は影響に差がない）	既存研究のメタ分析37,285サンプル（標本サイズ加重平均の数値）
Bullough et al., 2014 (ETP)	【事業開始】 レジリアンス(+)，自己効力感(+)	カブールのワーキンググループ（学生と地域住民）163名（回帰分析）
Ilouga et al., 2014 (SBE)	【企業家になる】 日和見主義(−) 積極的人格(+)	フランスビジネススクール学生1,630名（多重比較）
Schlaegel and Koenig, 2014 (ETP)	【事業開始】 行動への態度(+)，主観的規範(+)，自己効力感(+)，知覚された行動コントロール(+)，知覚された望ましさ(+)，知覚された実現性(+)	96研究のメタ分析114,007サンプル（回帰分析）
Kautonen et al., 2015 (ETP)	【事業開始】 態度(+)，主観的規範(+)，知覚されたコントロール(+)	オーストリア・フィンランド成人969名（構造方程式モデル）

Hsu et al., 2016 (JBV)	【撤退】 事業から家族への干渉（＋） 家族から事業への干渉（＋）	米国企業家388名 （ロジットモデル）
Obschonka et al., 2017 (SBE)	【事業所有】 企業家の人格（＋） リーダーシップ（＋） 自尊心（＋） コンピテンシーの多様性（＋）	フィンランド高校生計1,138名 （構造方程式モデル）
Bacq and Alt, 2018 (JBV)	【社会的な意思】 感情的共感×自己効力感	南アフリカ学生281名 （構造モデル評価）
Dheer and Lenartowicz, 2018 (ETP)	【企業家になる】 知覚されたカルチュラル・インテリジェンス（＋）	米国への移住者224名 （構造方程式モデル）

注1）*Journal of Business Venturing* 誌は（JBV），*Entrepreneurship Theory and Practice* 誌は（ETP），*Small Business Economics* 誌は（SBE）で表記している。
注2）2000年以降，それぞれの雑誌に intention を取り扱ったものを提示している。要因にあたっては今回の文脈に関連しているものを提示している。
出所）筆者作成

　以上のように示したが，実際にはモデレーションの分析などその他の分析が行われたりすることもあるため，影響を与える要因がこれだけであるということはない。特に構造方程式モデルや回帰分析による調査分析では，いくつもの要因が意思に影響することが示されている。今回は，意思に関する研究を概観することがここでの主目的であるため，すべてのモデルの厳密な分析は行っていない。

　次にサンプルをみると，学生を対象とした調査が多いことがわかる。そのうちいくつかは，企業家育成のための学科・コースの学生や，ビジネススクールの学生を調査対象としている。企業家教育の現場において，意思がどのように関係しているか，あるいはその決定要因は何かについて，世界的に多くの関心が集まっていることが確認できる。またサンプルサイズも10,000を超える規模の調査もいくつかある。本章で行った簡単な作業だけでも企業家教育の分野における意思への世界的な関心をうかがうことができる。

3.3 独立変数としての意思

次に独立変数としての意思について示す。企業家の意思が何に対して，どのように影響しているのかについて，以下の表は示している。

図表 6-5　独立変数としての意思

研究者，発表年 (掲載誌)	【主な従属変数】 影響を与える要因（＋／－）	サンプル (分析方法)
Gielnik et al., 2014 (JBV)	【新事業創出】 目標意思×行動計画（＋）	カンパラ地区でのランダムサンプリング参加者 96 名 (複数回調査)
Kautonen et al., 2015 (ETP)	【創業】 意思（＋）	オーストリア・フィンランド成人 969 名（構造方程式モデル）
Muñoz and Dimov, 2015 (JBV)	【継続】 (社会が継続を支持しない場合) 強い意思（＋）	米国と英国のサステナブルベンチャー企業 45 社 (ファジィ集合定性的比較分析)
Van Gelderen et al., 2015 (JBV)	【事業開始】 意思×セルフコントロール（＋）	フィンランド人口記録センターより成人 161 名 (パスモデル)

注1) *Journal of Business Venturing* 誌 は (JBV), *Entrepreneurship Theory and Practice* 誌 は (ETP), *Small Business Economics* 誌は (SBE) で表記している。
注2) 2000 年以降，それぞれの雑誌に intention を取り扱ったものを提示している。要因にあたっては今回の文脈に関連しているものを出しているため，欠落の可能性もある。
出所）筆者作成

これらをみると，企業家の意思を従属変数として設定する研究成果よりも数は少ないものの，2010 年代中盤から徐々に表れ始めたということがわかる。また，およそ事業開始行動が従属変数として扱われている。小野瀬（2007）で展開されたような事業継続への影響も Muñoz and Dimov（2015）に確認することができる。これらの研究では学生のみにとどまらず成人やすでに創業した人がサンプルになっていることも確認される。

4．考　察

4.1　企業家育成

これまでの研究をみると，自己効力感や態度といったものが企業家の意思，

特に事業をはじめようとする意思に影響していることがわかる。自己効力感を強化する教育をすることが企業家育成に重要であるということがいえそうである。そのための課題としては，まず自己効力感を高めることが可能かどうかを議論する必要がある。また，その自己効力感はどんな社会的要因によって形成されていくのかという問題も考える必要がある。

　このように意思の問題を企業家育成と組み合わせることで，育成される側はどのように意思を高めるのか，という点をみることができ，プログラム設定の参考になる可能性がある。特にこの分野は，学生に対する調査が行われるものである。これら既存研究を参考にすれば，どんな学生が創業しやすいかをみることができるようになる。すでに示したように，世界的にみれば数千や数万にのぼるサンプルサイズの調査が行われている。また学生を参考にすることの多いこの分野の調査は，大学教育における企業家教育にも多くのインプリケーションをあたえるものであろう。それは民間のアクセラレータや行政による支援でも同様のことがいえるだろう。

　しかし，既存研究では，教育は意思にポジティブに影響しているようだが，どんな教育がどれだけ影響しているのかは，まだよくわかっていない。企業家教育が企業家の意思に影響するという結果を示した Bae et al. (2014) のメタ分析などはその典型例である。具体的にどんなプログラムが，より意思に影響するかはまだわかっていないのが現状である。教育の現場ごとのさまざまな背景を踏まえないと，意思に影響するプログラムの傾向を示すことは難しいのかもしれない。たとえば，次のことからも，「企業家の意思に影響する変数 X を高めるためにはどうするか」は複雑な議論になる。

4.2　そうせざるを得ない状況

　企業家育成を経営教育と同義であると考えるならば，「経営教育は経営能力育成と自己啓発において完結される」（小椋　2009：4）は，企業家にとっては，能力育成と自己啓発が重要な2要素である，ということになる。この説明にお

いては，自己啓発と意思とはニアリーイコールの関係である，と筆者は理解する。この場合，「創業するとパフォーマンスを出せる能力はあるけれども創業しようとしない人」は，経営能力を発揮する場自体が存在しないことになる。意思とは無関係に経営能力を発揮する状況とは，企業家が「そうせざるを得ない状況」におかれた場合である。

たとえば世界の半導体を席巻したTSMCの張忠謀などがそれである（朝元・小野瀬 2016）。一般的には，張忠謀という優秀な人物がアメリカにわたりテキサスインスツルメンツの生産性を上げ，台湾からスカウトされ，その才能を発揮し一国の産業構造を変革させた，というのが定番のストーリーである。しかし，TSMCの基盤となったファウンドリの事業アイディアは，張忠謀が台湾にきてから「そうせざるを得ない状況」の末に提案され実施されたものであった。張忠謀の人生を振り返れば自由奔放に生きた人物とは言い難い。テキサスインスツルメンツでハガティとの衝突から会社を抜けなければならなかったこと，ベンチャーキャピタリストになるのは嫌だったため台湾に戻ることを受け入れたことといったようにTSMCのリーダーとして活躍するまでに数多くの「そうせざるを得ない状況」があった。TSMCの飛躍的成長のきっかけとなったファウンドリのビジネスアイディアも，市場性のないものと張が考えていたものであった。このアイディアは張が台湾政府に迫られたため，やむをえず提案されたものであった。張忠謀の優れた企業家としての能力は「そうせざるを得ない状況」があったから発揮できたという側面がある。このような企業家として成長する能力のある人物が創業を望まない場合，企業家育成はきわめて困難である。

山城（1966）に示される経営教育にはKAEモデルがある。経営能力をさらに高めるために知識と経験とを考察しようとするのがそこで示される重要な点である。張忠謀の事例は，KAEの文脈でいえば，KもEもあったし，実際Aもあったが，「そうせざるを得ない状況」で発揮できたことを意味する。それは逆にいえば，張忠謀が台湾の担当者から迫られなければ，Aは発揮されなか

ったということである。

　「そうせざるを得ない状況」とは，企業家の消極性に基づくものだが，人を行動に移させる要因である。筆者は，経営者をゲストスピーカーとして招聘する講義の受講者に与える効果を調査した（小野瀬　2012）。それは回答者の問に対する回答状況の推移をみることで，明らかにしようとしたものであった。そこで明らかになった点は，ゲストスピーカー型講義が受講者の創業の意思を高めるという傾向であった。さらに質問項目から多くのことが把握できた。特に，収入の目途が立たないようなやむを得ない時に学生は自ら創業することを考えるようになるという調査結果はここでの内容に通じるものである。

　あるいは，創業にあたっては「そうせざるを得ない状況」という側面がわずかでもあると考えるのがより自然ではないだろうか。サンプリングバイアスの問題もあるが，意思を中心にして考えれば，意思以外の要因が十分であったから成功できたと表現することができる。つまり創業するつもりはなかったが，経営能力が十分だったから成功したことや，ビギナーズラックに成功したから軌道に乗ったこと，などの側面を見る必要があろう。

　しかし，「企業家を量産するために，創業せざるを得ない状況をつくれば企業家は増える」という「そうせざるを得ない状況」を企業家を育成する側が作り出してよいものだろうか。意思を無視した企業家育成は，たとえば次のような暴論ともとれる説明につながる。まず，企業家育成のためには大企業が従業員を大量解雇すればよい。解雇された人びとは生計を立てるために創業することとなり，企業家は増えることになる。次に大学の経営学部においては独立開業しない学生を，経営学の学修成果がいかされていないことを理由として卒業を認めないようにすればよい。そうすれば学生は在学中になにかしら事業をはじめなければならなくなり企業家が増える。また，飛躍的に成長する企業を生み出したければ，企業家に成長の程度を義務づけ，達成できなければ重税を課すなどのペナルティを与えることが有効となる。自らの生活や従業員の生活を守るため，無理した成長をしなくてもよいという姿勢は企業成長に望ましくな

い。個々人のワークライフバランスなど度外視して成長戦略を全社一丸となって行わせることが成長企業をつくるために重要である，ということになる。これらを暴論ととらえることができるのは，企業家が意思をもち，それによって行動していくことを認めているからである。「そうせざるを得ない状況」とは多くの問題を持つものであり，それを応用して企業家を育成することは現実的ではない。世界的に展開される企業家の意思を企業家育成の考慮に入れることは，このような意味でも有意義であろう。

5．おわりに

　本章では，第1に世界的な研究として企業家の意思はどう扱われているのか，第2に意思の研究はこれまでどのように展開されたのか，第3に意思と企業家育成との関係はどのようなものかを中心に展開された。第1の点について，世界的に企業家の意思の研究が増え，それら調査が教育の場で行われていることを説明した。意思に影響を与える要因についてさまざまな調査が行われていることが示された。第2の点について，研究の展開として，意思を独立変数として設定した研究が確認されるようになったことを説明した。これは意思―行動リンクの状況がより明らかになってきたことが背景にある。今後も多くの検討課題が明らかになりつつも，意思―行動リンクの状況がより明らかになるだろう。これらのことから第3に，企業家育成では意思を見過ごすことはできない，というのがここでの主張点である。意思を無視した企業家育成では，創業あるいは成長せざるを得ない状況という多くの問題点をもつ状況を想定することができる。

　今後の意思の研究については，以下の点の解明がより重要になる。企業家の意思の観点から企業家活動を分析する場合，Shapero and Sokol（1982）やAjzen（1991）以来，企業家はきわめて合理的なプロセスによって行動していることが前提となっている。本章冒頭の「企業家は創業の意思をもって創業し，

事業を成長させようという意思をもつことで事業成長の戦略がはじまる」はこの合理的なプロセスが成立されていることが前提となっている。この企業家のプロセスを合理的なものとみなすパースペクティブにおいて，企業家の行動はさまざまな要素によって決定された意思の後に，一連のプロセスの最後として位置づけられるのみである。しかし具体的な意思もなく衝動によって行動がなされる場合（Lerner et al. 2018）も見過ごすことはできない。およそ多くの要素によって企業家活動は決定されている。そのため，「意思によって行動が成立する合理的なプロセスがある」と事後推論的にロジックが組み立てられるとなると，企業家の実際から離れた説明が生み出される恐れがある。（小野瀬　拡）

注
1) 筆者は小野瀬（2005）以降の慣例として，intention は意思と訳している。ここでもこれに従うが，意味合いとして「意図」と訳した方が適切である場合もある。
2) 世界的にみてもこのような傾向はある。企業家の意思の概念について Goethner, et al.（2012）によれば，この視点は経済学的にも心理学的にも長く無視されてきた重要な要因であるとの指摘がなされ，論文数も近年増加している。単に分析手法が多く開発されたことによってより適切な分析が行われるようになり不明だった点が明らかになっていったという時代背景のみならず，そもそもこの問題に関心が向けられていなかったという背景がある。特に，それまでのこの分野の批判的な点であった「意思と行動との結びつき」が，近年になって，より明らかになってきたために注目を集めている（Goethner et al. 2012；Van Gelderen et al. 2015；Kautonen et al. 2015）。
3) このような使い方は Davis and Shaver（2012）や Hayton and Cholakova（2012）あたりの概念規定に近い。当然それらの前に発表された小野瀬（2007）の企業家の意思は独自のものである。
4) この企業家の意思の概念の設定については，優れた経営者が失敗するという Finkelstein（2003）の意思（intent）を参考にしている。さかのぼって小野瀬（2004）ではその英訳を innovative thinking としており，小野瀬（2005）において同様に使用された従業員の意思について intention を使用した。結果的ではあるが 2018 年現在の世界の研究動向からみれば妥当であったことになる。なお，小野瀬（2012）では，世界の研究動向に即した創業しようとする意思のことを起業意識として説明している。
5) 研究領域と位置づけられるはずの intention をほとんど使用していない Shapero

and Sokol (1982) の企業家イベントモデルは，Krueger (1993) によって，企業家の行動の先行要因と位置づけられて，企業家の意思の重要な先行研究としてみなされている。
6) この意思はプロセスの推移とともに修正され，推敲され，具体的になり，それまでとは一変したものとなる。つまり意思は創業前から成長しその後も同じ方向性を持つものではないということを意味する。意思のプロセスは企業家の個人的なニーズや価値観，ウォンツ，習慣，さらに信念からはじまる。
7) ただし，この数値からは「意思はもともと行動の先行要因として位置づけられているため，それなりの数値が見出される」ともいえるし，「意思があるからといって必ず行動につながるわけでもない」という解釈も可能である。

参考文献

Ajzen, I. (1991) "The Theory of Planned Behavior," *Organizational Behavior and Human Decision Processes*, 50：179-211.

朝元照雄・小野瀬拡 (2016)「第1章　台湾積体電路製造（TSMC）の企業戦略と企業家張忠謀―いかにしてファウンドリー・ビジネスの世界第1位を獲得したのか―」朝元照雄・中原裕美子編『九州産業大学産業経営研究所研究叢書4　台湾の企業と企業家』九州大学出版会：1-59

Bacq, S. and Alt, E. (2018) "Feeling Capable and Valued: A Prosocial Perspective on the Link between Empathy and Social Entrepreneurial Intentions," *Journal of Business Venturing*, 33 (3)：333-350.

Bae, T. J., Qian, S., Miao, C. and Fiet, J. O. (2014) "The Relationship between Entrepreneurship Education and Entrepreneurial Intentions: A Meta-Analytic Review," *Entrepreneurship Theory and Practice*, 38 (2)：217-254.

Bird, B. (1988) "Implementing Entrepreneurial Ideas: The Case for Intention," *Academy of Management Review*, 13 (3)：442-453.

Bullough, A., Renko, M. and Myatt, T. (2014) "Danger Zone Entrepreneurs: The Importance of Resilience and Self-Efficacy for Entrepreneurial Intentions," *Entrepreneurship Theory and Practice*, 38 (3)：473-499.

Collewaert, V. (2012) "Angel Investors' and Entrepreneurs' Intentions to Exit Their Ventures: A Conflict Perspective," *Entrepreneurship Theory and Practice*, 36 (4)：753-779.

Davis, A. E. and Shaver, K. G. (2012) "Understanding Gendered Variations in Business Growth Intentions across the Life Course," *Entrepreneurship Theory and Practice*, 36 (3)：495-512.

Dheer, R. J. S. and Lenartowicz, T. (2018) "Multiculturalism and Entrepreneurial Intentions: Understanding the Mediating Role of Cognitions," *Entrepreneurship Theory and Practice*, 42 (3) : 426-466.

Dohse, D. and Walter, S. G. (2012) "Knowledge Context and Entrepreneurial Intentions among Students," *Small Business Economics*, 39 (4) : 877-895.

Douglas, E. J. (2013) "Reconstructing Entrepreneurial Intentions to Identify Predisposition for Growth," *Journal of Business Venturing*, 28 (5) : 633-651.

Fini, R., Grimaldi, R., Marzocchi, G. L. and Sobrero, M. (2012) "The Determinants of Corporate Entrepreneurial Intention Within Small and Newly Established Firms," *Entrepreneurship Theory and Practice*, 36 (2) : 387-414.

Finkelstein, S. (2003) *Why Smart Executives Fail: And What You Can Learn from Their Mistakes*, Portfolio.（橋口寛訳，2004『名経営者が，なぜ失敗するのか？』日経BP社）

Fitzsimmons, J. R. and Douglas, E. J. (2011) "Interaction between Feasibility and Desirability in the Formation of Entrepreneurial Intentions," *Journal of Business Venturing*, 26 (4) : 431-440.

Goethner, M., Obschonka, M., Silbereisen, R. K. and Cantner, U. (2012) "Scientists' Transition to Academic Entrepreneurship: Economic and Psychological Determinants," *Journal of Economic Psychology*, 33 (3) : 628-641.

Gupta, V. K., Turban, D. B., Wasti, S. A. and Sikdar, A. (2009) "The Role of Gender Stereotypes in Perceptions of Entrepreneurs and Intentions to Become an Entrepreneur," *Entrepreneurship Theory and Practice*, 33 (2) : 397-417.

Hayton, J. C. and Cholakova, M. (2012) "The Role of Affect in the Creation and Intentional Pursuit of Entrepreneurial Ideas," *Entrepreneurship Theory and Practice*, 36 (1) : 41-68.

Hsu, D. K., Wiklund, J., Anderson, S. E. and Coffey, B. S. (2016) "Entrepreneurial Exit Intentions and the Business-family Interface," *Journal of Business Venturing*, 31 (6) : 613-627.

Ilouga S. N., Mouloungni, A. C. N. and Sahut, J. M. (2013) "Entrepreneurial Intention and Career Choices: The Role of Volition," *Small Business Economics*, 42 (4) : 717-728.

Kautonen, T., Tornikoski, E. T. and Kibler, E. (2011) "Entrepreneurial Intentions in the Third Age: the Impact of Perceived Age Norms," *Small Business Economics*, 37 (2) : 219-234.

Kautonen, T., Van Gelderen, M. and Fink, M. (2015) "Robustness of the Theory of

Planned Behavior in Predicting Entrepreneurial Intentions and Actions," *Entrepreneurship Theory and Practice*, 39 (3) : 655-674.

Krueger, N. (1993) "The Impact of Prior Entrepreneurial Exposure on Perceptions of New Venture Feasibility," *Entrepreneurship Theory & Practice*, 18 (1) : 5-21.

Kuckertz, A. and Wagner, M. (2010) "The Influence of Sustainability Orientation on Entrepreneurial Intentions—Investigating the Role of Business Experience," *Journal of Business Venturing*, 25 (5) : 524-539.

Lee, L., Wong, P. K., Foo, M. D. and Leung, A. (2011) "Entrepreneurial Intentions: The Influence of Organizational and Individual Factors," *Journal of Business Venturing*, 26 (1) : 124-136.

Lerner, D. A., Hunt, R. A. and Dimov, D. (2018) "Action! Moving beyond the Intendedly- Rational Logics of Entrepreneurship," *Journal of Business Venturing*, 33 (1) : 52-69.

Liñán, F. and Chen, Y.-W. (2009) "Development and Cross-Cultural Application of a Specific Instrument to Measure Entrepreneurial Intentions," *Entrepreneurship Theory and Practice*, 33 (3) : 593-617.

Liñán, F. and Fayolle, A. (2015) "A Systematic Literature Review on Entrepreneurial Intentions: Citation, Thematic Analyses, and Research Agenda," *International Entrepreneurship and Management Journal*, 11 (4) : 907-933.

McMullen J. S. and Dimov, D. (2013) "Time and the Entrepreneurial Journey: The Problems and Promise of Studying Entrepreneurship as a Process," *Journal of Management Studies*, 50 (8) : 1481-1512.

Muñoz, P. and Dimov, D. (2015) "The Call of the Whole in Understanding the Development of Sustainable Ventures," *Journal of Business Venturing*, 30 (4) : 632-654.

Obschonka, M., Hakkarainen, K., Lonka, K. and Salmela-Aro, K. (2017) "Entrepreneurship as a Twenty-first Century Skill: Entrepreneurial Alertness and Intention in the Transition to Adulthood," *Small Business Economics*, 48 (3) : 487-501.

小椋康宏（2009）「経営教育の体系と枠組み」日本経営教育学会編『講座経営教育3 経営教育論』中央経済社：3-25

小野瀬拡（2004）「ベンチャー企業の発展における企業家の意思」日本経営教育学会編『経営教育研究』第7巻, 学文社：97-114

小野瀬拡（2005）「ベンチャー企業における従業員の意思」日本経営学会編『日本経

営学会誌』第 14 号,千倉書房:17-28
小野瀬拡 (2007)『ベンチャー企業存立の理論と実際』文眞堂
小野瀬拡 (2012)「起業意識を促進する要因―起業家教育の観点から―」日本マネジメント学会編『経営教育研究』15 (2),学文社:15-24
Schlaegel, C. and Koenig, M. (2014) "Determinants of Entrepreneurial Intent: A Meta-Analytic Test and Integration of Competing Models," *Entrepreneurship Theory and Practice*, 38 (2): 291-332.
Shapero, A. and Sokol, L. (1982) "The Social Dimensions of Entrepreneurship," in Kent,C., Sexton, D. and K. H. Vesper (eds.), *Encyclopedia of Entrepreneurship*, Englewood Cliffs, NJ: Prentice-Hall.
Sheeran, P. (2002) "Intention-behaviour Relations: A Conceptual and Empirical Overview," *European Review of Social Psychology*, 12 (1): 1-36.
Shinnar, R. S., Giacomin, O. and Janssen, F. (2012) "Entrepreneurial Perceptions and Intentions: The Role of Gender and Culture," *Entrepreneurship Theory and Practice*, 36 (3): 465-493.
Siu, W-s. and Lo, E. S.-c. (2013) "Cultural Contingency in the Cognitive Model of Entrepreneurial Intention," *Entrepreneurship Theory and Practice*, 37 (2): 147-173.
Souitaris, V., Zerbinati, S. and Al-Laham, A. (2007) "Do Entrepreneurship Programmes Raise Entrepreneurial Intention of Science and Engineering Students? The Effect of Learning, Inspiration and Resources," *Journal of Business Venturing*, 22 (4): 566-591.
Van Gelderen, M., Kautonen, T. and Fink, M. (2015) "From Entrepreneurial Intentions to Actions: Self-control and Action-related Doubt, Fear, and Aversion," *Journal of Business Venturing*, 30 (5): 655-673.
Walter S. G., Parboteeah, K. P. and Walter, A. (2013) "University Departments and Self - Employment Intentions of Business Students: A Cros-Level Analysis," *Entrepreneurship Theory and Practice*, 37 (2): 175-200.
Wilson, F., Kickul, J. and Marlino, D. (2007) "Gender, Entrepreneurial Self-Efficacy, and Entrepreneurial Career Intentions: Implications for Entrepreneurship Education," *Entrepreneurship Theory and Practice*, 31 (3): pp.387-406.
山城章 (1966)『経営学原論』白桃書房
山城章 (1970)『経営学要論』白桃書房

第7章

起業家精神と起業家教育

1．はじめに

　2016年6月2日，政府は産業競争力の向上を目的として，「日本再興戦略2016—第4次産業革命に向けて—」を閣議決定した。これはいわゆるアベノミクスの「三本の矢」の「第三の矢」として日本経済再生本部による成長戦略をまとめたもので，2013年に閣議決定されてから2014年，2015年，2016年と改訂されている。2016年の再興戦略は，①日本産業再興プラン，②戦略市場創造プラン，③国際展開戦略の3つのアクションプランで構成されている。

　ここでわれわれが特に注目すべきは，日本再興戦略2016における鍵となる施策として，「イノベーションの創出・チャレンジ精神にあふれる人材の創出」が挙げられていることである。この施策では，第4次産業革命をベンチャーの時代と位置づけ「迅速かつ大胆な挑戦が可能なベンチャー」[1]企業の創出こそが経済の中核を担わなければならないとしている（内閣官房日本経済再生総合事務局 2016）。こうしたベンチャー企業の創出の担い手こそが「起業家」たちであり，こうした人材をどのようにして社会に輩出できるかが重要課題となる。

　いうまでもなく「起業」はマクロ・ミクロ経済の視点からみても重要な経済行為である。マクロ的にみれば，起業の活発化により雇用が創出され，経済も持続的に成長することが可能となる。一方，ミクロ的にみれば，起業は新たな技術革新を喚起し，社会に利益をもたらす。こうした起業の活発化への動きは，「日本再興戦略」に先立つこと，1997年10月，通商産業省（現・経済産業省）産業政策局内に「アントレプレナー教育研究会」が設置され，1998年7月には「報告書—起業家精神を有する人材輩出に向けて—」が出された。

同報告書（要旨）によれば，「新しい挑戦的な目標に対して，リスクを恐れず，積極果敢にチャレンジするアイディアや実行力を有する人材」を「起業家精神を有する人材」とし，ベンチャー企業経営者いわゆる起業家にとどまらず，起業家精神は「あらゆる業種や職種に共通して必要とされる資質」であり，初等・中等・高等教育といった学校教育における起業意識・意欲の醸成の必要性を唱えている（アントレプレナー教育研究会　2016：2）。

そこで本章では，起業家教育の動向について，第1に，①各種報告書から日本における起業動向と②起業動機の要因を整理する。第2に，③企業家に替わって起業家（entrepreneur）という言葉が用いられるようになった背景・経緯を明らかにし，④彼らを育成する起業家教育の基盤となっている起業家精神（entrepreneurship）の概念とその教育の可能性を探る。第3に，⑤日本の起業家教育の現状と課題を整理し，⑥米国の起業家教育の中心となってきた体験型起業家教育モードをその代表的モデルである米国のバブソン大学を例に挙げて考察する。第4に，⑦大学・大学院（MBA）の学生と実社会の起業家との起業家精神の学習過程の差異を明らかにすることで，教育プログラムに起業家精神概念を導入する際考慮すべき点を検討する。最後に，⑧体験型起業家育成モードに類似した教育システムの実例を参考に，起業家精神教育の方向性を探ることにしたい。

2．各種報告書にみる日本の起業動向

先に述べた「日本再興戦略2016」において，政府は起業ならびに起業家精神に関して次のような数値目標を掲げている（内閣官房日本経済再生総合事務局2016：115）。第1は，開業率（期間当初の企業数に対する新規開業した企業数の割合）が，廃業率（期間当初の企業数に対する倒産などにより廃業した起業の割合）を上回る状態にし，開業率・廃業率ともに10％台の米国や英国レベルのおよそ半分に満たない現状を10％台まで引き上げること，第2は，「起業家精神に関す

る調査」(Global Entrepreneurship Monitor：GEM) において，「起業者・起業予定者」の割合である総合起業活動指数 (Total Early-Stage Entrepreneurial Activity：TEA) を今後 10 年間で倍増させることである。

　こうした政府が掲げる開廃業率の引き上げと起業の活発化に対する数値目標を達成するためには，まずは諸外国と比較してなぜ低水準に留まっているのか，その原因を探りその対応策を研究する必要がある。そこで日本の起業活動の現状に関する各種統計調査からその傾向・動向をみてみることにしたい。

　みずほ情報総研の調査 (2017) によれば，リーマンショック以降，日本の起業活動において起業態度を有する者の割合は相対的に縮小したが，起業態度を有する者たちの中から実際に起業した割合，すなわち起業家率は相対的に上昇しており，これまでの日本の起業態度と起業家率の関係にみられた傾向がさらに強まっている (みずほ情報総研　2017：33)。これは，日本では起業に対する意志・意欲が諸外国に比べて低いが，意志・意欲がある者たちから起業する者の割合は相対的に高いということである。

　高橋 (2013) の GEM の調査結果を用いた分析によれば，日本の 2001 ～ 2011 年の 11 年間の起業活動と起業態度の水準は，G7 のうちカナダを除いた 6 カ国中では，最高位の米国の 8.3，56.2 と比べて 3.0，15.2 と最下位であった (高橋 2013：100-101)。このことから高橋 (2013) は，日本の起業の意志・意欲のない者が他の先進諸国と比較して相対的に低いことが，日本の起業活動が低迷を続けていることの主たる原因であるという (高橋　2013：100)。さらに高橋 (2013) は，起業態度指数を二項ロジステック分析を用いて分析し，上記の先進 6 カ国と起業態度の条件を同一にすれば，日本の総合起業活動指数 (TEA) が最も高くなるという (高橋　2013：101-102；川名　2014：69)。

　同様のことが中小企業白書 (2017) においても指摘されている。すなわち，日本の起業活動者の割合は欧米諸国と比較して圧倒的に低く推移している。また起業無関心者の割合は，欧米の 2 ～ 3 倍以上もある (中小企業白書　2017：104-105)。ところが，「全体に占める，起業活動者の割合」では米国が最高位

の 8.0 に対して日本は最下位の 2.7 であるが,「起業関心者に占める,起業活動者の割合」では,最高位の米国の 20.0 とほぼ同じ 19.0 となり,ドイツ (15.0),英国 (13.0),フランス (9.0) を大きく抜いている (中小企業白書　2017：106)。

　こうした高橋 (2014) や中小企業白書 (2017) の分析結果にしたがえば,起業無関心者の起業意識を高めることが,日本の起業活動を活発化・活性化させる突破口であることがわかる。言い換えれば,起業無関心者に起業意識を芽生えさせる動機を明らかにする必要がある。堀池 (2014) によれば,起業に至るまでには,起業を志した動機 (間接的動機) と実際に起業に踏み切った動機 (直接的動機) があるという (堀池　2014：37)。起業関心者が起業に至ったこうした間接的・直接的動機を明らかにし,起業関心者が起業に踏み切れない原因を探ることは,起業化率が低迷している日本において,起業活発化に向けて重要な鍵となるのではないだろうか。

　前出の GEM では,起業動機を,事業機会を追求するために起業する「事業機会型起業家」と,起業以外に選択肢がなく必要に迫られて起業する「生計確立型起業家」の 2 つのタイプに分類している。経済,技術,生活水準などが相対的に低いいわゆる発展途上国や新興国においては,① 企業への就職機会が少ないことを理由に生計確立型の起業が多くなり,② 経済力がつくにつれて企業への就職機会が増えるため起業活動率が低くなる。③ やがて高い経済力をもつ成熟経済社会に突入すると,生活のためではなく事業機会型の起業が増えていくことになる,という 3 つの段階がみられる。

　先進諸国かつイノベーション型経済国家に属する日本の起業活動率は,同じグループのノルウェーやスペインよりも低い水準に留まっている現状をみると,日本は現時点では ② の段階にあるといえる (野村総合研究所　2016：6)。すなわち,日本が政府の掲げる開廃業率・起業活動率の倍増を目指すということは,② から ③ の段階にステップアップさせることを意味する。

　文部科学省と厚生労働省の調査によると,2018 年 3 月に卒業した大学等卒業者及び高等学校卒業者の就職状況は,大学等 (大学,短期大学,高等専門学校)

全体で98.2%，これに専修学校（専門課程）を含めると97.9%と，1997年の調査開始以来3年連続で過去最高を更新した（文部科学省 2018）。こうした高い企業就職率にある日本の現状から，起業無関心者ならびに起業関心者にどのように起業に向けて働きかけていくか，その対応策を考える必要があることがわかる。その対応策へのアプローチにはいくつかあろう。第1は，起業関心者ならびに起業無関心者が起業に至った間接的・直接的動機を明らかにし，起業への動機づけ施策を講ずること，第2は，起業関心者ならびに起業家無関心者に対する起業への環境を整備することである。

3．起業動機の要因

　起業に至る段階は，①起業無関心者（過去の起業関心者を含む），②起業希望者，③起業準備者，④起業家の4つに区分でき，三菱UFJリサーチ＆コンサルティングの調査(2016)によれば，全国の18歳から69歳までの男女全体の約8割が①の起業無関心者である（三菱UFJリサーチ＆コンサルティング 2016）。また日本政策金融公庫総合研究所の調査(2017)では経営経験がなく，以前も今も起業に関心のない起業無関心層は全体の64.3%と，調査機関・対象が異なるが無関心層が多いことがうかがえる（日本政策金融公庫総合研究所 2017）。

　それでは起業関心者ならびに起業無関心者が，起業に踏み切れない理由についてみてみよう。

　日本政策金融公庫総合研究所の調査(2017)によれば，起業関心層の4割（未定32.9%：10年以内7.3%）が起業を希望しているものの，起業関心層の割合は2013年度の17.3%から年々減少傾向をたどっている。起業関心者は，起業に踏み切れない理由として，「自己資金が不足している」「失敗したときのリスクが大きい」が男女や多くの年齢層を問わず上位に挙げられている（日本政策金融公庫総合研究所 2017；日本政策金融公庫総合研究所 2018）。また三菱UFJリ

サーチ＆コンサルティングの調査（2014）においても，上記の調査結果と同じような回答を得ている。すなわち，現時点では未定だが将来起業の可能性ありが35.0%と最も高い。起業に踏み切れない理由も，先の調査同様，生活や失敗への不安や自己資金不足が挙げられている。起業を意識したきっかけや背景として，半分以上が収入や先行き不安からの生計確立型の起業になっている（三菱UFJリサーチ＆コンサルティング　2014：12）。

そうした資金不足・先行きや生活不安を抱えながらも起業する人びとがいる。先にみた非常に高い企業就職率をみてもわかるように，日本の起業家の多くは企業勤務経験者である。つまり企業を何らかの理由で退職した者たちが起業家になっているのが現状である。

松田（1997）は，「サラリーマンの退職と企業形態」を，① 選択定年制による早期優遇退職型，② 幻滅退職型，③ 自主退職型の3つのタイプに分け，③ の自主退職型こそが，これからの起業の活発化にとって最も期待できるという。① と② はどちらかというと生計確立型の起業であるのに対し，③ は事業機会を追求するために起業する「事業機会型起業家」である。③ は，将来の起業スキル修得・向上のために企業経験を積むことを所期の目的とした就職であったり，企業勤務の中でロールモデルになるような人物や，起業に結びつく新たしい技術・サービスなどに出会ったことを切っ掛けとした退職である（松田 1997：109-111, 114）。

また土屋（2016）は，起業を希望する段階にある者に対する，起業動機の要因についてのアンケート調査から，起業動機として性別，学歴，在職年数によって差が認められる，① 待遇，② 自己実現，③ ロールモデル，④ ワークライフバランスの4つの要因を特定している（土屋　2016：1）。① の待遇に関しては男性に比べて女性は起業動機となることは少なく，② の自己実現と③ のロールモデルに関しては勤務経験が短い者の間で強い起業動機がみられ，④ のワークライフバランスに関しては既婚者の間では弱く，自営業者の間では強い起業動機となっている（土屋　2016：6-7）。

①は男性が昇給や昇進といった待遇に強いこだわりあるのに比して、女性は男性に比べて自らの待遇に対する期待値が相対的に低いことに起因しているからであろう。②と③は勤務経験が短い者にみられる動機で、②は就職当初より自らの達成したい欲求への強い充足を希求しているからであり、③は目標となる起業家との出会いが起業動機となる。両者とも事業機会型起業といえる。また④は情報通信業と専門サービス業での動機が低い。これは彼らがワークライフバランスを保つことの難しさを知っているからではないだろうか。
　このように起業動機は、性別、学歴、在職年数によって個人差がみられるが、多くの起業家は、企業勤務・退職を経て、先行き不安の解消、生計の維持、自己実現のための事業機会の追求のために起業する。高橋（2000）によれば、起業動機には同時性（相互関連性）、不確実性（非戦略性）、発展性（不均等性）が影響を与えているという（高橋　2000：194）。すなわち、起業関心者が抱くさまざまな動機は、相互に関連し、思いもしていなかった多くの出来事に遭遇したり、素晴らしい人物や新しい技術・サービスに出会ったりしながら、起業に向けバランスを欠きながらも起業動機として成長していくのである。
　堀池（2014）は、起業に至るプロセスを、①起業を考え始めた段階と②起業を決心した後の2つの段階に分けている（堀池　2014：43）。就職当初より自らの達成したい欲求への強い充足を希求しているとか、目標となる起業家や新技術・サービスとの出会いにより起業意識が芽生えたというのが①の段階であり、経営資源の調達とビジネスプランやモデルの構築といった具体的な行動が②の段階である。①から②の段階へと一気に進展できるかどうかは、起業関心者の資質・能力・メンタリティー（精神性）に依存する（堀池　2014：44-45）。すなわち、この①から②の段階へと進むかあるいは進めるかどうかが、起業家になれるかどうかの境目であり、起業家への第一歩を踏み出す動機には、その根底に起業関心者であれ起業無関心者であれ、かれらの資質・能力・メンタリティー（精神性）が重要な役割を果たしていることになる。

4．アントレプレナー（entrepreneur）の登場の背景

　創業者から企業や事業を承継した人ではなく，自ら新たに事業を興した人を指すアントレプレナー（entrepreneur）という言葉が，日本において注目されるようになったのは，「第1次ベンチャーブーム」と呼ばれる「日本電産」や「キーエンス」などの研究開発型のハイテクベンチャーや，「すかいらーく」などの外食ベンチャーが数多く創業された1970年代前後のことであった。

　次いで，1980年代前半には，流通・サービス業を中心とした「第2次ベンチャーブーム」が興った。店頭市場のジャスダック市場の上場基準が緩和されたことも契機となり，ベンチャーキャピタルも数多く設立された。現在でも大きく展開中の「エイチ・アイ・エス」や「ソフトバンク」などが設立されたのもこの時期であった。しかし，このブームも1985年末からの円高不況の煽りを受け次第に収束していった。

　そして「第3次ベンチャービジネス」が巻き起こったのは，バブル経済崩壊後，日本がいわゆる「失われた10年」といわれた平成不況最中の1995年前後のことであった。米国でのベンチャーブームからの影響や不況からの脱出を目的とした日本国内の産業構造の転換を受けて，ベンチャー企業の設立が相次いだ（ベンチャー通信編集部　2018）。

　安保（2001）によれば，日本において "entrepreneur" という言葉が，「創業間もない企業の経営者」という意味合いで使われるようになったのは1983年頃で，この80年代まではこの用語は「企業家」と訳されていた（カンティヨン1943：40；安保　2001：48）。この "entrepreneur" という言葉はフランス語を起源とし，フランスの事業家・財務官のカンティヨン（Cantillon, R.）の1755年の著作（*Essai Sur La Nature du Commerce en Général*）の中に現れたのが最初である（Cantillon 1755；寺島　2013：7-8）。

　ヘバートら（1984）によれば，カンティヨンは "entrepreneur" という言葉を製造業者や建築請負業者の意味で用いている。この "entrepreneur" については，

さまざまな研究者がその定義づけを行っており，"entrepreneur"論（企業論と一般的には称されている）は"entrepreneur"の担う主要な課題として不確実性，革新，特殊能力，直観力，適合・調整力などを重要視している（ヘバート 1984：21, 184-185）。

それでは，"entrepreneur"という言葉をどのように定義し，どのような邦訳をつけたらよいのだろうか。寺島（2008）は次のように"entrepreneur"という言葉を整理している。"entrepreneur"の邦訳を1980年代まで用いられてきた「企業家」にするか，最近多くみられるようになった「起業家」とするかは，それがスタートアップ（startup）という概念を包含しているかどうかによるという。したがって，最近の概念はスタートアップ概念を含んでいるので，"entrepreneur"は「起業家」と訳した方が適していることになる（寺島 2008：23）。このスタートアップとは，革新的なビジネスモデルを構築し，短期間のうちに急成長させ，上場や株式売却といったイグジット（exit－出口の意味）を目的とした起業のことである（ボクシル（BOXIL）2018）。これに対して，「企業家」という言葉には，経営管理者（manager; management）の意味合いが包含され，自分一人で新しい事業を興す人を表現する場合，この「企業家」という言葉は相応しくない（寺島 2008：23）。こうした理由から，本章においても，事業を創業した人全般を含めた意味合いの総称として"entrepreneur"という言葉を「起業家」として用いる。

次に，起業家精神（entrepreneurship）とは何かを考えてみたい。

「アントレプレナー教育研究会報告書」（2016）では，上述したように，「起業家精神を有する人材」を「新しい挑戦的な目標に対して，リスクを恐れず，積極果敢にチャレンジするアイディアや実行力を有する人材」と定義している。この起業家精神は，あらゆる業種・職種に共通して必要とされる資質で，人びとの意識・価値観や行動様式に深く関わるものとして，すべての教育課程で取り入れられるべきものとしている（アントレプレナー教育研究会報 2016：2）。

起業家精神の定義としてよく引用される代表的なものとして，シュンペータ

ー（Schumpeter, J.A.）とドラッカー（Drucker, P.F.）の定義がある。シュンペーターは，起業家は新しい生産方法と商品開発を「技術革新」（innovation）とし，その「新結合」（new combination）を遂行することで古い産業の衰退を促す。この「創造的破壊」（creative destruction）をもたらす力こそが「起業家精神」であると考えた（アメリカ大使館　2018；川名　2014：64；尹　2015：17；寺島　2008：23）。またドラッカーは，現在行っていることをそれ以上に上手く行おうとするよりも，全く新しい経済的な価値を見出すことが起業家精神であるという（川名2014：32）。また起業家とは，シュンペーターがいうところの「創造的破壊」を行い，変化を求め，それに対応し，事業機会としてそれを利用するものであるともいう（寺島　2008：23）。

　ここでドラッカーは，起業家精神のあり様について興味深いことを自著『イノベーションと企業家精神』（2015）の中で述べている。すなわち起業家精神は気質でなく，行動であり姿勢である。起業家精神の才能などといったものはなく方法論が必要なだけで，厳しく組織的な作業である（ドラッカー　2015）。シュンペーターもドラッカーも，既存のビジネスモデルを創造的に破壊し，技術革新により，新しいビジネスモデルを構築し，より新しい製品・サービスを創造することで，新しい事業機会を求めようとした。とくにドラッカーは，そうした起業行動を支える進取の精神とでもいうべきものが起業家精神であり，それは才能でも資質でもないという。ということは，起業家ならびに起業家精神は教育あるいは育成が可能であるということになる。

5．起業家（精神）教育の基盤

　高橋（2013）は，教育によって起業家を育成できないという意見があるが，人が起業家になるかならないか，あるいはすぐれた起業家になれるかどうかは，その人の能力などに関連する先天的・後天的要因に加えて，経済的・社会的要因が複合的に影響し合っている。したがって，起業家教育により起業家ならびに

に起業家候補者に何らかの影響を与えることは可能であるという（高橋　2013：97-98）。

　ゴーマンら（Gorman et al. 1997）は，1985～1994年の10年間に発表された論文を掲載する，起業家精神およびスモールビジネスを専門とする7つの学術研究雑誌をレビューした。その結果からは，起業家精神は教えることができ，積極的な起業家教育への参加を通じて教授法を強化することができるという点で先行研究においてかなりのコンセンサスがみられる。だが起業家精神のコースやプログラムにはかなりの進歩がみられるものの，アプローチには一貫性がほとんどみられない。とはいえ，起業家教育を受けることによって，起業家精神に対する好感度を高めることができることがわかった（Gorman et al. 1997：68）。

　ジャックら（Jack et al. 1999）は，起業家精神教育には，"art（アート）"な部分 と "science（サイエンス）"な部分の両方が関係しているので，明らかに従来の伝統的な起業家教育で起業家精神を教えることは難しい。したがって，起業家精神に関する重要な知識の蓄積と理論の構築により起業家のキャリアに必要な管理スキルを明らかにする必要があるという（Jack et al. 1999：118, 121）。

　ヘンリーら（Henry et al. 2005a, b）は，起業家精神は教えることができるのかという疑問から出発し，先行研究では起業家精神は教えられるということで大方のコンセンサスがみられる一方で，起業家精神の "art" な部分 と "science" な部分をどう扱うかということについては統一した見解がみられない。すなわち論点は，"science" な部分は教えられるが，"art" な部分は教えられないという点にあるという（Henry et al. 2005a：98-111；Henry et al. 2005b：158-169）。

　この点について，ミンツバーグ（Mintzberg 2006）は，起業家教育に対して直接的に言及してはいないが，マネジメント教育との関連で，この "art" な部分（直感）と "science" な部分（分析）に "craft" な部分（経験）を加えた3つの要素を用いて上記の論点に一つの見解を示している。すなわちミンツバーグによれば，マネジメントでは直観・ビジョン・洞察といった創造性を生み出す "art"

な部分が，計算・分析・評価などを通じて作り上げられる"science"な部分よりも比重が大きい。だがそれ以上に重要なのは，自らの経験や体感・体得を通じて身につく"craft"な部分で，これは実際の仕事を通じて学ぶしかない。結局，成功した起業家にみられるマネジメントスタイルは，多くの比重が"art"な部分に置かれ，"craft"な部分が土台となり，"science"な部分もある程度必要とする「ビジョン型」のスタイルであると結論づけている（ミンツバーグ 2006：21, 125, 127）。

マネジメントとは元来，この3つの要素が適度に混ざり合った状態でなければならないが，従来のビジネススクール（経営大学院―Master of Business Administration：MBA）によるマネジメント教育は，"science"な部分（分析）に偏り過ぎ，官僚的な計算型のマネジメントスタイルの経営者・管理者を育ててきた。そこでミンツバーグは，これからのマネジメント教育は教えるというスタイルではなく，自分自身の経験から自らが学ぶことを助ける「関与型教育」の必要性を唱えている。言い換えれば，"craft"な部分も"art"な部分も教育できるのである（ミンツバーグ 2006：12）。

こうしたミンツバーグの見解にしたがえば，マネジメントを実行するには"craft"な部分つまり経験を多く積むことが必要であり，この経験を体系化して知識に変換していく，すなわち経験を通じて知識を創造していくことが重要であることがわかる。

この経験を知識に変換する過程については，ポランニー（Polanyi, M. 2010）の暗黙知（implicit knowledge; tacit knowledge）と形式知（explicit knowledge）の概念によって解明されている（ポランニー 2010）。この暗黙知は，「特定状況に関する個人的な知識であり，形式化したり他人に伝えたりするのが難しい」「暗黙の語りにくい」「主観的で経験的な形式化されない」知識のことである。もう一方の形式知は，「形式的・論理的言語によって伝達できる」「明示された形式的な」「客観的で理性的な暗黙知ではない」知識のことである（野中・竹内 1996：88；野中・紺野 2008：104；寺島 2013：132）。

野中・竹内 (1996) と野中・紺野 (2008) は，暗黙知と形式知の相互循環プロセスをモデル化した「SECIモデル (プロセス)」を構築した。これは，① 個人の暗黙知からグループの暗黙知を創造する「共同化」(Socialization)，② 暗黙知から形式知を創造する「表出化」(Externalization)，③ 個別の形式知から体系的な形式知を創造する「連結化」(Combination)，④ 形式知から暗黙知を創造する「内面化」(Internalization) の4つの知識変換モードからなっている (野中・竹内 1996：92；野中・紺野 2008：111；城川 2008：28)。ちなみに，このSECIとは，4つの変換モードの頭文字を順番に並べたものである。

ミンツバーグによれば，マネジメントの"craft"な部分と"art"な部分の多くの部分が暗黙知を土台にしたものであるという (ミンツバーグ 2006：128)。となれば，暗黙知としての両者はSECIモデルにしたがえば，4つの知識変換モードを通じて知識として創造・増殖することが可能となる。

6．日本の起業家教育の現状と課題

これまでみてきた各種統計調査によれば，起業活動の現状は先進諸国としてはきわめて低い水準にあることが分かる。GEMでは，こうした日本の起業活動状況と起業を取り巻く環境について以下のような評価を下している。(野村総合研究所　2016：31, 38)。

(1) 起業態度に関連する多くの指標が，先進諸国と比較して，日本の起業態度の低さを示している。これは，初・中・高等教育のすべての段階において日本の起業教育が遅々として進んでいないことを表している。

(2) 起業すること，あるいはそれを行う起業家に対する文化や規範における評価が低いため，上述した起業就職率の高さからもわかるように，起業家という職業に対しては肯定的な評価が低く，その結果起業動機に結びつかないことを表している。

(3) とはいえ，起業態度を有するグループの中から起業する者が多く輩出され

ている現状は，起業に対する諸政策の実施，物的経済生産基盤の整備，市場透明性の高さに基因するとして評価できる。

上記の GEM の指摘で，とくに (1) と (2) の日本の起業活動の不活発化の原因が，学校内の起業教育ならびに起業家教育の遅れにあることがわかる。

まず日本の起業教育と起業家教育を考察する前に，両者のもつ意味を区別する必要がある。起業教育は文字通り，起業の仕方やそれに伴う専門知識・ノウハウを学習させることである。一方，起業家教育はいわゆる起業家精神（entrepreneurship）を保有する人材を育成することである。とくに日本の学校教育では，これまで仕事の機械的側面を実行するための技術的・分析的能力やノウハウを表すハードスキル（hard skills）に重点が置かれてきた。これに対して最近では，個人が日々の生活の要求と挑戦に効果的に対処することを可能にする，適応的かつ積極的に行動する能力を表すソフト（soft skills）あるいはライトスキル（light skills）への関心が高まっている（Yoo 2009：4）。

起業教育においては，ハードスキルの学習・修得が主たる目的となる一方で，起業家教育においては，ソフトスキルの育成を取り入れることが求められるだろう。しかし，寺島（2008）によれば，これからの起業家教育はこれまでの学校教育のように指導する，教授するという教育スタイルではなく，起業関心者や起業候補者に内在するいわゆる「起業家精神」を醸成・育成する支援者としての意味合いが強い教育スタイルへ転換しなければならないという（寺島 2008：24）。

また高橋（2013）は，起業家教育には，①先に述べた起業を決心した後の段階にいる，起業態度を有する起業家候補者あるいは予備軍に働きかけることで，起業活動を活性化したり支援したりする教育と，②起業を考え始めた段階にいる，起業に関心はあるがいまだ起業に踏み切れない者の起業態度の形成を促進する教育があり，日本において必要されるのはこの②の教育であるという（高橋　2013：102）。

日本において起業家教育が注目され，大学・大学院のカリキュラムやプログ

ラムに組み込まれるようになったのは，1990年代前後から始まった第3次ベンチャービジネスブームの頃であった（松田 1997：91；川名 2014：60）。

その背景にはバブル経済崩壊による開業率の低下と廃業率の上昇に危機感を覚えた政府による中小企業や創業・ベンチャー企業への新規開業促進策があった（川名 2014：60-62；広島修道大学商学部他 2007：83）。さらに1990年代後半になると，起業家教育の先進国である米国の大学・大学院による起業家教育プログラムやコースが紹介されるようになった（高橋 2013：102）。

米国から紹介された起業家教育は，事業機会の認識力，洞察力，自尊心，知識とスキルを身につける能力を個人に提供するプロセスであり，マネジメント，マーケティング，情報システム，ファイナンスなどの伝統的なビジネス分野の指導とともに，事業機会の認識，コンセプトの商業化，リスクにさらされた資源のマーシャリング（marshalling），ビジネスベンチャーの起業に関する指導が含まれるものであった（Jones et al. 2004：416）。そして起業家教育は，本質的には行動指向であり，体験学習，問題解決，プロジェクトベース，創造的，そしてピアレヴューを支援する教育スタイルであった（Jones et al. 2004：422）。こうした先進的な米国の起業家教育の影響を受けて日本では，①起業家育成の早期化，②実践的カリキュラムの導入，③地域産業界との連携を強化していく方向に進んでいった（広島修道大学商学部起業家精神研究チーム 2007：87）。

大和総研の調査（2009）によると，全国の大学・大学院（734校）ならびに日本ベンチャー学会会員の大学教員（約300人）にアンケート調査した結果，全国の大学の247校（46.1%）に起業家教育の講座があり，増加傾向にあることがわかった。国立では学部・大学院で実施している割合が高く，私立では学部のみの割合が高い。起業家教育を目的としたコースや専攻を設置する大学・大学院は55校で全体の1割にも満たない。学部での起業家教育は4割が複数の学部で，大学院では3割が複数の研究科での受講が可能な状態にある。また授業内容では，プレゼンテーションやグループ演習などの「生徒参加実践型授業」が，約2割の学部，約3割の大学院で開講されている（大和総研 2009）。

こうした日本の大学・大学院における起業家教育は，実例から以下の3類型に分類できる（アントレプレナー教育委員会　1998：3）。
① 「大学院生及び社会人」を対象として「専門課程（体系的に用意された複数の講座から成るコース）」を設置している大学
② 「大学院生及び社会人」を対象として「講座」を開設している大学
③ 「学部生以上」を対象として「講座」を開設している大学

　それまで日本の初等・中等教育の段階において，いわゆる起業家養成を目的とした学習はなされてこなかった。1990年代に入ってようやく上記のような大学・大学院の高等教育の段階において，はじめてこうした起業家養成のための講座が開設されるようになった。こうした講座には，成功した起業家や起業に関する専門知識を保有する実務家などがオムニバス方式で教壇に立った。それに対して大学の教員により，起業ならびに起業家精神に関してとくに経営学分野から理論的かつ体系的な一貫教育方式がなされた（安保　2001：47）。

　たとえば，広島修道大学商学部では，広島県内外のさまざまな業種・業界の中小企業やベンチャー企業経営者（起業家）を毎週金曜日に招聘し，自らの体験に基づいた「企業家精神の息吹」をオムニバス方式で伝えている（広島修道大学商学部他　2007：101-238）。ゲストスピーカーによる講義のほか，起業家精神教育の一環として，シミュレーション・ゲームの活用，ビジネスプランの作成・報告なども実施している（広島修道大学商学部起業家精神研究チーム　2007：31, 34）。

　活躍している起業家に関する伝記等を読んだり，直接起業家から経験談を聴いたりすることは，起業家教育として初等・中等教育の段階において役立つと考えられている（三菱UFJリサーチ＆コンサルティング　2014：22）。また大学などの高等教育においても，成功した起業家の経験談は，事前知識をあまり必要としないため，学部・学科などの専門分野にとらわれず，広く提供できる授業科目でもある（大和総研　2009：42）。

　このように起業家教育にとって，活躍している起業家の経験談などを聴講す

ることは，起業の方法やプロセスを知る以上に，起業家精神のあり様について実感する良い機会になるであろう。

7．米国にみる体験型起業家教育モードの実践

　米国では，1908年にマサチューセッツ州ボストンにハーバード・ビジネス・スクール（Harvard Business School：HBS）が創立され，大学・大学院での起業家（精神）教育は，すでに1940年代に実施されていた。その後1980年代に入って起業家教育プログラムやコースが多くの大学・大学院で普及し，現在ではほとんどの経営大学院（経営学修士課程 – Master of Business Administration：MBA）において，起業家精神に関する専攻や科目群が配置されている（大和総研　2009：39）。

　その中でもマサチューセッツ州のバブソン大学（Babson College）は，1919年に設立されたビジネス専攻に特化した歴史ある大学で，起業に関心のある者に起業態度を身につけさせる支援ではなく，起業を希望・予定しているいわゆる起業家予備軍に対する起業活動の促進と支援を目的とした大学である（高橋　2013：102-103）。

　それではここで，バブソン大学でのカリキュラム構成をみることにしたい（Babson MBA 2018）。

　バブソン大学は1年間を4学期に分けたモジュール（Module）制を取り入れており，一つのビジネス課題（ケース・トピック）を複数の授業で取り上げ，多面的な視点から課題に取り組むように設計されている。

　1年次のモジュール1では，「起業家精神と行動」（Entrepreneurial Thinking & Action）と「効果的な企業の創造と拡大」（Creating and Scaling Effective Businesses）をテーマに，財務会計，統計分析，戦略，起業家精神の4つの必修科目を履修する。モジュール2では，「価値創造管理」（Managing for Value Creation）をテーマに，ミクロ経済，マーケティング，ファイナンス，ビジネス法の4つの必

修科目を履修する。モジュール3では、「組織有効性の創造と維持」(Creating and Sustaining Organizational Effectiveness) をテーマに、管理会計、リーダーシップ、オペレーションの3つの必修科目ならびに専門選択科目を履修する。そして1年次最後のモジュール4では、「グローバル環境での新しいビジネスの成長と創造」(Growing and Creating New Businesses in a Globally Connected Environment) をテーマに、テクノロジー、マクロ経済の2つの必修科目を履修する。

2年次は、すべて選択科目で、下に示した科目の中から、自らのキャリアプランに沿って履修することになっている。

「起業家精神」(Entrepreneurship)、「起業家のためのマーケティング」(Marketing for Entrepreneurs)、「起業家ベンチャーへの資金提供」(Financing the Entrepreneurial Ventures)、「企業の起業家精神」(Corporate Entrepreneurship)、「変化のリードと管理」(Leading and Managing Change)、「ターンアラウンド企業における管理」(Managing in Turnaround Companies)、「マーケティングリサーチ」(Marketing Research)、「中小企業の買収」(Buying a small business)、「成長するビジネスの管理」(Managing Growing Businesses)、「ブランド管理」(Brand Management)、「ハイテク製品マーケティング」(Marketing High Tech Products)、「起業家のためのM＆A」(M&A for Entrepreneurs)、「交渉」(Negotiations)

1年次のモジュール3・4では、Babson Consulting Alliance Program (BCAP) といった学生による企業へのコンサルティング・プロジェクトが実施され、モジュールの最後にはBCAPの成果を顧客企業の経営者の前でプレゼンテーションが義務づけられている。このBCAPは、企業が抱える現実の課題に直接触れることで、依頼人と課題解決者という関係の中で米国流の交渉、会議、報告・連絡・相談方法などを体験学習できるものである。

また特に2年次配当の選択科目「起業家精神」は、同大の看板科目であり、主に起業家の経験や特質、ビジネスプラン (事業計画書) の作成について学習し、中間と期末にグループ単位でこのビジネスプランのプレゼンテーションが行わ

れるのが特徴である。

　そこで，こうした米国の大学・大学院の起業家（精神）教育モードを，マンデルら（Mandel et al. 2016）の「体験型起業家モード」を手がかりに考察することにしたい。

　マンデルら（Mandel et al. 2016）は，米国の実績ある起業家教育を実践している上位（Top）25に入る大学での起業家教育プログラムとコースを分析している。その目的は，起業家教育を実施する上で障害となっているものを発見し，実用的な施策を特定することにある（Mandel et al. 2016：164-178）。

　先行研究をみてもわかるように，体験学習の重要性について異議を唱える起業家教育研究者や教育者はほとんどいない。起業家教育はさまざまな形で実践されているが，そのコアプログラムの目的は3つある（Mandel et al. 2016：173）。
① 履修生（起業家学生）を不確実性と曖昧性の状況下に直面させ行動させること
② 潜在的または実際の顧客やサプライヤーとの交流・交渉といった相互作用を通じて，履修生に実社会の複雑さを経験させ対処させること
③ 履修生の起業機会を明確にさせること

　上位25の大学の起業家教育プログラムでは，現実のマーケットでの経験をより重要視し，履修生に行動を起こさせること，またプログラムを通じて，起業家の考え方や能力を育成し，それを検証させることを重要視しているのが特徴である（Mandel et al. 2016：173）。

　図表7-1「体験型起業家教育モード」をみてもわかるように，起業家学生は小グループに分かれチームメンバーと課題に取り組むことが中核となっている。これは上述した野中らのSECIモデルの第1段階である，① 個人の暗黙知からグループの暗黙知を創造する「共同化」（Socialization）の実践にあたる。野中・竹内（1996）によれば，共同化とは経験を他人と共有することで，メンタルモデルや技能などの暗黙知を創造するプロセスであり，互いが保有する暗黙知を獲得することができるという（野中・竹内　1996：92）。

図表 7-1　体験型起業家教育モード

不確実性と曖昧性に直面して行動する

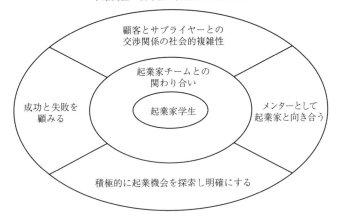

出所）Mandel, R. and Noyes, E.（2016）(58) 2：169

　次に個人あるいはグループには，実際のビジネスの現場に立たせ，実際の顧客やサプライヤーとの交流・交渉をさせることで現実のビジネスの難しさやマーケットの複雑さを身をもって経験させ，そこで発生する諸問題に取り組ませる。これはSECIモデルの第2段階である，②暗黙知から形式知を創造する「表出化」(Externalization) の実践にあたる。起業家学生は，実際のビジネス現場に曝され，そこで発生する困難性や複雑性に対処するために自らが保有している暗黙知をメタファー，アナロジー，コンセプト，仮説，モデルといった形式知として表出させることになる（野中・竹内　1996：95）。

　その間，起業家教育プログラムや実際のビジネス現場で知り合ったメンター（mentor）としての起業家との付き合いを通じて，起業家の考え方や能力を知ることになる。これはSECIモデルの第3段階である，③個別の形式知から体系的な形式知を創造する「連結化」(Combination) の実践にあたる。起業家学生が実際のビジネス現場の体験を通じて形式知をさまざまに連結させて一つの知識体系を創り出す段階である（野中・竹内　1996：100）。

やがて自らの知識体系を身に付けた起業家学生は，初期の目標である自らの起業機会を積極的に模索し明確にしていくことになる。

こうした体験型起業家教育モードは，起業家学生を不確実性と曖昧性に満ちた実際の社会やビジネス現場に曝し，直面させ，行動させることで，自らの体験が共同化⇒表出化⇒連結化といった変換プロセスを通じて，SECIモデルの第4段階である，④形式知から暗黙知を創造する「内面化」(Internalization)の段階へと導くのである（野中・竹内　1996：102）。すなわち体験型起業家教育を通じて身に付いた，メンタルモデルや技術的ノウハウが暗黙知として内面化させることこそがこの教育の最終目的となる。

8．起業家教育プログラムへの起業家精神概念の導入

ジブ（Gibb 2007）は，起業家精神を教育カリキュラムに導入する際に考慮すべき主たる問題について概説している。彼によれば，起業家精神とは，個人やグループが変化と革新を生み出し，より高いレベルの不確実性と複雑性に対処し，さらに個人的な目標（充足感・達成感）を成し遂げることを可能にする行動，属性，スキルのセットであるという（Gibb 2007：1,3）。こうした起業家精神を教育的文脈でみた時，つまり起業家精神を教育カリキュラムに導入する時にどのような問題が浮かび上がってくるのだろうかというのがジブ（Gibb）の問題意識である。

図表7-2は，大学・経営大学院（ビジネススクール）と起業家の学習過程の差異を表したものである。実社会に生きる起業家は，他人のフィルターを通して伝えられた情報の価値を理解・判断し，その限られた情報の中で幅広くさまざまな目標を認識した上で，直観的な意思決定を下している。その際，意思決定は，実社会の基本原則を応用したり，適応させたりしながら，プレッシャーの中で最も適切な解決策を自らの責任と権限に基づいて下さなければならない。そうして下した意思決定の結果は，起業家本人には事後に直接的・間接的なフ

図表 7-2　大学・ビジネススクールと起業家の学習過程の差異

大学／ビジネススクール—教室	起業家 (Entrepreneurial)—実社会
膨大な量の情報を分析した後の批評的見解	限られた情報による"直感的な"意思決定
情報それ自体の理解と想起	他人から伝えられフィルターを通った情報の価値を理解
絶えず目標を推測	幅広く様々な目標を認識
情報を検討することで真相を究明	人々の責任と権限に基づく意思決定
形而上学的な意味で社会の基本原則を理解	現実の出来事を社会の基本原則に応用・適応
時間内で正解を探し出す	プレッシャーの中で最も適切な解決案を出す
教室での学習	実践しながら，かつ，やり終えて理解
専門家や権威筋からの情報を収集	あらゆる人や場所から個人的に情報を収集，それを比較評価
判断や査定の過程を記した文書で評価	人々の判断と直接的なフィードバックによる結果の評価
知識重視の試験に合格することで学習成果を評価	課題を解決したり，失敗から学んだりすることで学習成果を評価

出所）Gibb, A.A. (1987) (11) 2：18

ィードバックにより知らされることになる。そのために，絶えずあらゆる状況（人や場所）から個人的にも情報を収集し，他人から伝わってくる情報を比較考量しながら，自らの下した判断の正否を理解する。こうした課題を解決したり，失敗したりする中から学ぶことが起業家の学習過程である。

　一方，大学やビジネススクールでは，専門家や権威筋が収集した情報に基づいて作成されたテキスト（ケース課題）を，教室において限られた時間内に正解を探し出すために情報を検討する。その際，絶えず目標を推測し，情報それ自体を理解し，事例の状況を想起することで真相の究明に努めなければならない。その過程の中で社会の基本原則を形而上学的な意味合いで理解する。事例研究の分析結果の正否は，判断や査定の過程を記した文書で評価され，最終的には

知識重視の試験に合格することで学習成果は評価される。

こうした起業家と起業家教育プログラム履修者との学習過程の比較からは，両者にはかなりの隔たりつまり差異がみられる。ジブ（Gibb 2007）は，そうしたギャップを埋めるためには，起業家精神を強化する以下の条件を備えた教育プログラムを設計する必要性を唱える（Gibb 2007：11）。

① 若者の経済意識の形成
② 業界，ビジネス，マネジメントに関する幅広い理解
③ 中小企業とその管理システムに関する深い理解
④ 学校でのシミュレーション演習による新しいベンチャー開発概念の紹介
⑤ コミュニケーション，プレゼンテーション，交渉，問題解決，ITコンピテンシーなどの学習や仕事の経験から得られるスキルの開発
⑥ キャリアプランニングのための門戸の開放
⑦ 学生・教職員の職業（起業）体験
⑧ 学校，大学，個人または企業グループ間のビジネスパートナーシップの創出

このように，ジブ（Gibb 1987）のアプローチは，起業家（精神）教育プログラムが従来の教室内での学習という枠を越えて，ビジネス界との間に新たなパートナーシップを築く，すなわちビジネス界により良い起業家教育プログラムを作成するための文化を確立しようとするものである。

9．体験型起業家教育モードの実例にみる起業実態

2010年4月，東洋大学大学院経営学研究科ビジネス・会計ファイナンス専攻に，「私の選択 10年後のキャリア戦略は，診断士資格＋MBA」を標語（モットー）に，中小企業診断士登録養成課程（通称，中小コース）が新設された。中小コースの特色は，理論と実践を一体とした「実践経営学」にあり，経営学修士号（MBA）取得を通じて経営の理論と分析力を修得する一方で，演習・実

習を通じて実社会で役立つ現場力・実践力を身につけ，2年間の課程修了時には，修士の学位と中小企業診断士の資格のダブルライセンスが取得できることである。

　同コースを修了するためには，主指導教授（副指導教授との2名体制）が担当する「ビジネス演習Ⅰ・Ⅱ」（いわゆるゼミナール）に所属し，「ビジネス研究指導Ⅰ・Ⅱ」を受け，修士論文あるいは特定課題研究論文の完成を目指すとともに，2年間で中小コースに配置されているすべての科目を含む30単位以上の科目を履修しなければならない。中小コースには，平日の夜間と土・日曜日に，演習と実習で構成される「経営診断Ⅰ」（1年次），「経営診断Ⅱ」（2年次）といったコース科目が配置されている。演習・実習は初年度の4月より開講されるが，それに先立ち3月中旬にオリエンテーション，下旬には修士論文あるいは特定課題研究論文の執筆の支援を目的とした3つの研究手法（①戦略・組織，②統計，③調査・分析）を，MBAコースの専任教授による「事前教育演習」で学ぶことになっている。

　1年次の「経営診断Ⅰ」では，大学院専任教員と外部から招聘した中小企業診断士の資格を有する非常勤講師や実務家が担当する，「経営戦略論」「経営戦略演習」「マーケティング戦略論」「流通戦略論」「人的資源管理論」「基礎財務分析論」「生産マネジメント」「生産戦略」「中小企業現代課題Ⅰ」といった演習と，「経営診断実習Ⅰ・Ⅱ」といった実習の計20単位（計471時間）を履修する。

　次いで2年次の「経営診断Ⅱ」では，演習として「経営学Ⅱ」「ビジネスプランⅡ」「中小企業現代課題Ⅱ」「中小企業現代課題Ⅲ」，実習として「経営診断実習Ⅰ・Ⅱ」の計6単位（計328.5時間）を履修する。中小コースを修了するためには，一定以上の良い成績と9割以上の厳しい出席率が決められており，この条件のすべてを満たすことができない場合，コース離脱となる。すなわち資格を取得することができなくなる。

　上記の他，修士学位論文あるいは特定課題研究論文を作成し，口述による最

終試験に合格し，かつ中小コースの最終試験にも合格しないとダブルライセンスの取得には至らない。また，履修生は，診断士登録のための単位（時間数）には参入できないが，中小コースの授業科目以外にも同学大学院（他の専攻・研究科も含む）で10単位を超えない範囲でそれを修了要件に充当することができる。

中小コースでは，バブソン大学をはじめとした「体験型起業家教育モード」と類似した教育スタイルを実践している。すなわち講義形式の授業はほとんどなく，班分けされた小グループを中心に，演習・実習が行われている。演習では，各授業科目・研究指導に沿った「テーマ」のケース教材を用いての討論や発表が行われ，それに対して指導教員が講評・アドバイスを加えるという授業形式が多くみられる。また実習では，実際に協力・支援企業の現場に担当教員とともに実習生が出向き企業診断する。その結果は当該企業に報告されるとともに，報告書が作成され，その発表に対して指導教員より講評とアドバイスがなされる。

2016年11月には，中小企業庁の認定を受け，同大大学院経営学研究科（ビジネス・会計ファイナンスコース）内に経営革新等支援機関コモンズ（Commons）が新設された。これは，中小コースの修了生（中小企業診断士）および在校生のインキュベーション施設として，産業活性化関連の公共機関や金融機関との連携による地域活性化や中小企業向けセミナーの開催などを目的に，外部機関との連携による（自主財源を確保する）事業の展開を進めている。

また，中小コースの修了生・在校生は東洋大学経営力創成研究センターが開催（内，数回はコモンズと共催）する年3回の定例シンポジウム[3]に参加し，主に経営学研究科専任教員（所員兼任）による研究発表や，産業界で活躍する企業経営者・管理者・実務家の講演を通じて理論と実践の成果，具体的には中小コース修了生の研究ならびに実務成果を聴講することで，文字通り理論と実践を一体化した「実践経営学」を学んでいる。

そこで起業家教育との文脈で中小コース修了生の起業状況すなわちその教育

図表7-3　東洋大学大学院経営学研究科・中小企業診断士登録養成課程修了生の進路

入学年度・期	修了生の人数	入学前起業	修了後起業	起業準備中	現職=勤務先で資格活用	進学=博士後期課程	大学（院）講師
（2010）1	6		3		3		3
（2011）2	11 (2)	1	5 (1)		5 (1)		2
（2012）3	7		5		3		1
（2013）4	9 (1)	1 (1)	3		4	1	1 (1)
（2014）5	15 (2)		9 (1)		6 (1)		1
（2015）6	16 (4)	2	3	2 (2)	9 (2)	2	1
（2016）7	15 (3)	1	2	1	13 (3)	2	
総数	79 (12)	5 (1)	30 (2)	3 (2)	43 (7)	5	9 (1)

備考）重複があるため，必ずしもカテゴリーの合計が総数に一致しない。また入学前にすでに起業している者もいる。（　）内は女性数。
出所）東洋大学大学院経営学研究科ビジネス・会計ファイナンス専攻木下潔特任教授作成のものを一部修正

成果についてみてみよう（図表7-3を参照）。

　中小コースは，2010年度に定員8名で新設され，その後16名に増員され，2019年度にはさらに増え定員は24名となる。在校生のほとんどが社会人であり，一般企業の従業員をはじめとしてコンサルタント業の経営（起業）者・従業員や弁護士・弁理士・行政書士・社会保険労務士などの士業の資格を保有した経営（起業）者・従業員などさまざまである。在学生の8・9期（2017・2018年度）を除く1～7期までの修了生は79名（男性67名，女性12名）で，入学前よりすでに起業していた者が5名いるので，修了後の起業者は74名中30名（内，女性2名），40.5%である。

　また企業勤務者43名の中には起業準備者が3名（内，女性2名），7.0%，さらに博士後期課程に進学した者が5名，大学（院）の専任・非常勤講師になったものが9名（内，女性1名）いる。資格による起業は，新しい技術・製品・サービスなどで新しく会社を興すという点では若干ニュアンスが異なるかもしれないが，起業家教育という文脈でみると，このように企業勤務者であった者の約4割が修了後起業し，起業準備者や進学者も一定数いる点からも，同教育課程には一定の起業家教育成果がみられると評価できるのではないだろうか。

10. おわりに

　日本の起業家（精神）教育が先進諸国の中において相対的に進展していない状態が続いている。その原因は圧倒的に起業無関心者の数が多いことにある。その一方で，起業関心者が起業に踏み切る割合は起業先進国の米国に匹敵している。

　そこからは，日本での起業家（精神）教育は，① 教育課程の各段階において起業への関心を喚起・助長する施策を講ずることと，② 起業関心者を対象とした体験型の起業家（精神）教育モードを基盤においたプログラムやコースへと転換する必要性がある。

　その好例が米国のバブソン大学の教育プログラムであり，MBAの学位と中小企業診断士の資格の取得といった理論と実践を一体化した東洋大学大学院経営学研究科中小企業診断士登録養成コースの教育プログラムにみられる。ただこうした教育プログラムの成果に対する評価基準が定まっていないために教育成果が検証できていないのが現状である。また起業家教育においては現在の教師のように教えるといったスタンス・役割ではなく，メンター（mentor），コーチ（coach）・ファシリテーター（facilitator）といった人間重視の関与型・支援型の教育スタイルと，従来のサイエンス中心から，直観・ビジョン・創造性といった暗黙知を土台にもつアートやクラフトな部分を重視する教育プログラムへのシフトとその開発が望まれる。

（幸田　浩文）

注
1) 第4次産業革命とは，IoT，ビッグデータ，AI（人工知能），ロボットなどの新興技術（技術革新）により，個々にカスタマイズされた生産・サービスの提供や労働の補助・代替などが可能となった時代のことで，いわゆる18世紀に興った蒸気機関の発明がもたらした第1次産業革命以降の4番目の産業時代を指している（内閣府 2018）。
2) この「起業家精神に関する調査」（GEM）は，米国バブソン大学と英国ロンドン大学ビジネススクールのプロジェクトチームが実施する調査で，「正確な起業活

動の実態把握」「各国比較の追求」「起業の国家経済に及ぼす影響把握」を目的としている。GEMの調査結果は，起業や起業家精神に関する各種統計資料の基礎データとして応用されている。
3) 東洋大学経営力創成研究センターは，2004年6月に文部科学省の「私立大学学術研究高度化推進事業」の認可を受け，同年，「日本発マネジメント・マーケティング・テクノロジーによる新しい競争力の創成」を統一テーマに設立されたオープン・リサーチ・センターである。その後，2009年度には「私立大学戦略的研究基盤形成支援事業」の認可を受け「日本発経営力の創成と『新・日本流』経営者・管理者教育の研究」，さらに2014年度には「私立大学戦略的研究基盤形成支援事業」の再認可を受け，「スモールビジネス・マネジメントの創造と国際的企業家育成の研究」を統一テーマのもと継続して研究活動を行っている。その研究成果は，年3回開催する定例シンポジウムや年報『経営力創成研究』などで公開し，その成果を大学院経営学研究科や経営学部の経営教育に活かしている。

参考文献

Babson MBA, Babson MBA Unofficial Website.
 https://babsonjp.wikispaces.com/First+Year（2018年9月27日閲覧）
Cantillon, R.（1755）*Essai sur la Nature du Commerce en Général, Français Modernisé par Stéphane Couvreur*, Paris, Décembre 2011. Institut Coppet.
 https://www.institutcoppet.org/wp-content/uploads/2011/12/Essai-sur-la-nature-du-commerce-en-gener-Richard-Cantillon.pdf"
Gibb, A.A.（1987）"Enterprise Culture—Its Meaning and Implications for Education and Training," *Journal of European Industrial Training*, 11（3）: 2-38.
Gibb, A.A.（2007）"Enterprise in Education: Educating Tomorrow's Entrepreneurs," Durham University : 1-9.
Gorman, G., Hanlon, D. and King, W.（1997）"Some Research Perspectives on Entrepreneurship Education, Enterprise Education and Education for Small Business Management: A Ten-Year Literature Review," *International Small Business Journal*, 15（3）: 56-77.
Henry, C, Hill, F. and Leitch, C.（2005a）"Entrepreneurship Training and Education: Can Entrepreneurship be Taught? Part I," *Education + Training*, 47（2）: 98-111.
Henry, C., Hill, F. and Leitch, C.（2005b）"Entrepreneurship Training and Education: Can Entrepreneurship be Taught? Part II," *Education + Training*,

47 (3): 158-169.

Jack, S.L. and Anderson, A.R. (1999) "Entrepreneurship Education within the Enterprise Culture: Producing Reflective Practitioners," *International Journal of Entrepreneurial Behaviour and Research*, 15 (3): 110-125.

Jones, C. and English, J. (2004) "A Contemporary Approach to Entrepreneurship Education," *Education and Training*, 46 (8, 9): 416-423.

Mandel, R. and Noyes, E. (2016) "Survey of Experiential Entrepreneurship Education Offerings among Top Undergraduate Entrepreneurship Programs," *Education + Training*, 58 (2): 164-178.

Yoo Jeung Joy Nam (2009) "Pre-Employment Skills Development Strategies in the OECD," *Social Protection & Labor*, The World Bank.

安保邦彦(2001)「日本の大学における起業家教育の現状と課題」『東邦学志:研究紀要』30 (1), 東邦学園短期大学:47-60

アメリカ大使館「起業家精神の原則」
https://amview.japan.usembassy.gov/spirit-of-entrepreneurship/ (2018年9月27日閲覧)

アントレプレナー教育委員会(1998)「アントレプレナー教育委員会 報告書―起業家精神を有する人材輩出に向けて―(要旨)」通商産業省産業政策局新規産業課

川名和美(2014)「我が国の起業家教育の意義と課題―『起業教育』と『起業家学習』のための『地域つながりづくり』―」『日本政策金融公庫論集』第25号, 日本政策金融公庫:59-80

カンティヨン, R. 著, 戸田正雄訳(1943)『商業論』日本評論社

城川俊一(2008)「知の創造プロセスとSECIモデル―オープン・イノベーションによる知識創造の視点から―」『経済論集』33 (2), 東洋大学経済研究会:27-37

尹敬勲(2015)『起業家精神の形成と教育―社会的起業家の学びと社会変革の可能性を巡って―』Book & Hope

大和総研(2009)「平成20年度 大学・大学院における起業家教育実態調査報告書(本編)」経済産業省

高橋徳行(2000)『起業学入門』通商産業調査会

高橋徳行(2013)「起業家教育のスペクトラム―『活動』の支援か 『態度』の形成か―」『ビジネスクリエーター研究』第5号, 立教大学ビジネスクリエーター創出センター:97-112

高橋徳行(2014)「起業態度と起業活動の国際比較―日本の女性の起業活動はなぜ低迷しているのか―」『日本政策金融公庫論集』第22号, 日本政策金融公庫:33-56

中小企業庁編（2017）『中小企業白書〈2017年版〉―中小企業のライフサイクル―次世代への継承―』
土屋隆一郎（2016）「起業初期段階の起業動機の要因―起業希望者アンケート調査を基にした実証分析―」『中小企業季報』第1号，大阪経済大学中小企業経営研究所：1-9
寺島雅隆（2008）「現代における起業家教育の実現性」『名古屋文化短期大学 研究紀要』第33集，愛知東邦大学：22-28
寺島雅隆（2013）『起業家育成論―育成のための理論とモデル』唯学書房
ドラッカー，P.F. 著，上田惇生訳（2015）『イノベーションと企業家精神（エッセンシャル版）』ダイヤモンド社
内閣官房日本経済再生総合事務局（2016）「日本再興戦略2016―第4次産業革命に向けて―」
内閣府「第4次産業革命とは」
http://www5.cao.go.jp/keizai3/2016/0117nk/n16_2_1.html（2018年9月27日閲覧）
日本政策金融公庫総合研究所（2017）「『起業と起業意識に関する調査』―アンケート結果の概要―」
日本政策金融公庫総合研究所（2018）『2018年版／新規開業白書』
野中郁次郎・紺野登（2008）『知識経営のすすめ―ナレッジマネジメントとその時代―』筑摩書房
野中郁次郎・竹内弘高（1996）『知識創造企業』（梅本勝博訳），東洋経済新報社
野村総合研究所（2016）「平成27年度 起業・ベンチャー支援に関する調査報告書」
広島修道大学商学部起業家精神研究チーム編（2007）『起業家精神教育の試論的アプローチ―地域人材育成の現場・大学からの発信―』フタバ図書
ヘバート，R.F. & リンク，A.N. 著，池本正純・宮本光晴訳（1984）『企業者論の系譜―18世紀から現代まで―』HBJ出版局
ベンチャー通信編集部「ベンチャー企業の歴史」
https://v-tsushin.jp/column/archive/850.html（2018年9月27日閲覧）
ボクシル（BOXIL）「スモールビジネスとは？スタートアップとは違う起業形態の特徴」https://boxil.jp/mag/a1788/（2018年9月27日閲覧）
ポランニー，M. 著，高橋勇夫訳（2010）『暗黙知の次元』筑摩書房
堀池敏男（2014）「日本における起業家に関する一考察」『京都学園大学経営学部論集』23（2），京都学園大学経営学部学会：27-47
松田修一（1997）『起業論―アントレプレナーの資質・知識・戦略―』日本経済新聞社
みずほ情報総研（2017）「平成29年度 産業経済研究委託事業（起業家精神に関する

調査事業）報告書」

三菱UFJリサーチ＆コンサルティング（2014）「平成25年度／日本の起業環境及び潜在的起業家に関する調査報告書」

三菱UFJリサーチ＆コンサルティング（2016）「起業・創業に対する意識，経験に関するアンケート調査」

ミンツバーグ，H.著，池村千秋訳（2006）『MBAが会社を滅ぼす―マネジャーの正しい育て方―』日経BP社

文部科学省「平成29年度大学等卒業者の就職状況調査」
　http://www.mext.go.jp/b_menu/houdou/30/05/1404971.htm（2018年9月27日閲覧）

第8章

中小企業の企業家育成基盤としての経営体制

1．はじめに

　企業競争力の源泉はイノベーションに求められる。イノベーションとは,「資源に対し,富を創造する新たな能力を付与するものである」(Drucker 1985：36 ＝ 1985：47)。今日,企業は単体ではイノベーションを生み出すことが困難になっている。このことはオープンイノベーション (open innovation) への関心の高まりからも明らかである。

　このようなイノベーションの変化の中で大企業に比べて,経営資源に制約がある中小企業でもオープンイノベーションが採り上げられるようになってきた。オープンイノベーションの概念は進化の途上にあり,さまざまな見解が提示されている。ここでは,オープンイノベーションにおける中小企業の位置づけを検討し,イノベーション主体としての中小企業における企業家育成の役割を経営機能に関連づけて明らかにする。そして,中小企業における企業家育成基盤としての経営のあり方,つまり性格や体質としての経営体制の再構築を提案する。

2．イノベーションの視点からみた中小企業

　中小企業は多様である。まず,中小企業を大企業との関係から整理すると,下請中小企業が登場する。下請関係は,これまでとは異なり,資材,製造の下請関係から専門分野,研究開発分野での取引関係へと広がりを見せている。また,わが国の中小企業に占める下請中小企業比率は製造業で約 18.6％,サービ

ス業で約 9.4％とされる (中小企業庁　2018b：5)。しかし，中小企業問題では，依然として下請関係の問題を看過できない。

　また，わが国の下請関係については，(1) 従来の下請・系列構造 (大企業の資材部，製造部からの受注，既成技術型企業)，(2) グローバル化による海外移転 (専門分野で 大企業に勝る中小企業，専門技術型企業)，(3) 研究開発部門を加えた下請関係 (高度な取組を行う中小企業に対し，開発工程から発注する「機能発注」「性能発注」が増加，研究開発主導型企業) へと変化している (中小企業庁　2005：6)。このように中小企業の下請関係は，数的な減少傾向とともに，下請関係の内容が資材，製造から研究開発を含む分野への拡張がみられるのである。この下請中小企業の減少は，元請企業による選抜，海外進出によるものであるが，研究開発分野への拡張はイノベーションによる競争環境の変化によるものと考えられている。

　つぎに，研究開発型・デザイン型の新規開業企業としてのベンチャービジネスがある。「系列下請企業もまた研究開発主導型で開発力と固有の技術を持ち，設計図面を起こす能力のある企業と，既成技術だけに依拠し，詳細な図面を起こす仕事のできない企業とにはっきりと分化し」(中村　1992：174)，新しい研究開発型小規模企業としてのベンチャービジネスが登場した。このようなベンチャービジネスは，さらに「独立の小企業としてスタートするが，新規開業企業一般とは異なるのは，独自の製品，サービスを開発し，固有の市場範囲を確保しているイノベーターであることであり，したがって，高収益企業となり，その中から急成長する企業が出現していることである。ベンチャービジネスは企業家精神を体現している経営者によって担われる (中村　1992：116-117)。」ここでは，小企業であるベンチャービジネスも中小企業として理解する。ベンチャービジネスはスタートアップから研究開発型・デザイン型であり，系列下請中小企業から研究開発主導型で開発力と固有の技術を持ち，設計図面を起こす能力のある企業が分化することとは異なる。しかし，研究開発型中小企業という性格を持つという点で相通じる部分があると考えられる。

図表 8-1　中小企業と大企業との関係

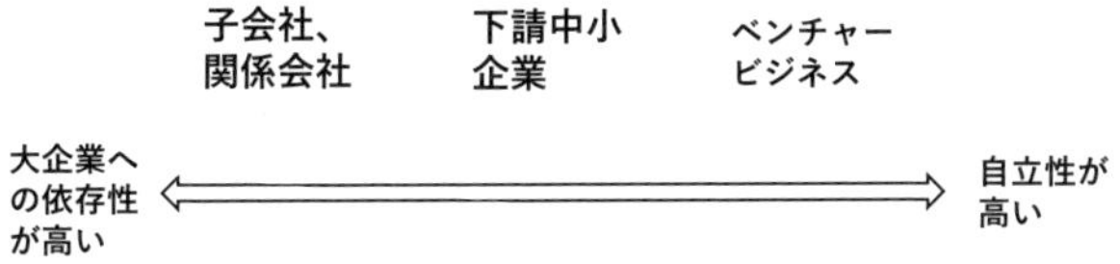

```
子会社、        下請中小      ベンチャー
関係会社        企業          ビジネス

大企業へ  ←――――――――――――――――→  自立性が
の依存性                                  高い
が高い
```

出所）著者作成

　そして，中小企業の中には大企業の子会社，関係会社がある[1]。このような子会社，関係会社は，法律的には独立した法人格を有するが，経済的には親企業と一体である。とくに資本や所有という点では，系列下請中小企業や自立企業としてのベンチャービジネスとは異なる。さらに，中小企業も子会社や関係会社を設立することがあり，企業規模からみると，このような子会社，関係会社も中小企業の一部として理解される。また，イノベーションという視点からは，たとえば研究開発型の子会社や関係会社という意味で中小企業のイノベーション活動において一定の役割を果たしていると考えられる。ただし，研究開発型の子会社，関係会社を創出するスピンオフやカーブアウトは，関心が高いものの，あまり実施されていないとの指摘がある（野村総合研究所　2013：37）。

　このようにイノベーションの主体としての中小企業は，下請中小企業，ベンチャービジネスそして大企業の子会社，関係会社というように多様性がある。それぞれの主体の大企業（親企業）への依存度，言い換えれば自立性も図表 8-1 のように異なっている。

　ここでは，中小企業におけるイノベーション，とりわけオープンイノベーションとの関係とそこに形成されるさまざまな組織間関係の問題について，主に下請中小企業，ベンチャービジネスそして子会社，関係会社という主体を採り上げて検討する。

3. 中小企業のイノベーションと組織間関係

3.1 オープンイノベーション

　中小企業のイノベーションでは、自力でのイノベーションの創出というより、他の企業を含む組織体との協力関係の形成によるイノベーションの創出に関心が高いのである。いうまでもなく、中小企業は事業規模（経営資源等の規模）から制約があり、自力でのイノベーションが困難であるとの理解によるものである。

　チェスブロー（Henry Chesbrough）は、企業や組織内でのイノベーションをクローズドイノベーションとし、これに対してオープンイノベーションを提示する。オープンイノベーションとは「知識の流入と流出を自社の目的にかなうように利用して社内のイノベーションを加速するとともに、イノベーションの社外活用を促進する市場を拡大すること」（Chesbrough 2006a：1 = 2008：17）と定義している。そして、企業や組織外のイノベーションとしてはユーザーイノベーション（user innovation）がある。ユーザーイノベーションの「ユーザーとは、製品やサービスを「使用する」ことで効用（benefit）を受けようとする企業または個人を指す。これはメーカーが製品やサービスを「販売する」ことで効用を受けようとするのとは対照的である」（Hippel 2006：3 = 2006：16）としている。このようにオープンイノベーションとユーザーイノベーションとは対照的な特性を持つが、イノベーションの発生が分散している点では同じである。この分散型イノベーション（distributed innovation）が従来の企業内部に閉じ込められていたイノベーションの概念を変えただけでなく、企業のあり方をも変えたといえる。特に、中小企業にとってユーザーイノベーションは、ニッチ市場の特性を持つ（Hippel 2006：8 = 2006：23）ことから関心が高まっている。

　チェスブローのオープンイノベーションモデルは、図表8-2のようにR&Dから商業化（commercialization）を加えた拡張がなされている。さらにユーザーイノベーションの取り込み、統合的な思考に基づく新たなイノベーションへの

図表 8-2 オープンイノベーションのパラダイム

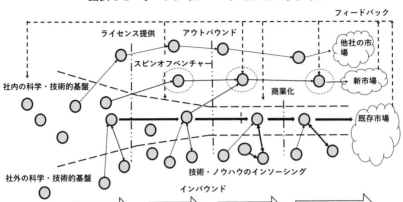

出所）Chesbrough, H., Vanhaverbeke, W. and West, J. (ed.) (2014-18) を修正して作成

関心が高まっている。オープンイノベーションは，知識のインバウンド（inbound 流入）とアウトバウンド（outbound 流出）という2つの側面によって特徴づけられている。もちろん，イノベーションのプロセスを考えると，知識だけでなく，資源や活動そして組織さえ流入と流出の対象となる。さらに，イノベーションがユーザーの下で発生することを考えると企業にはユーザーからのフィードバックも考慮されることになる。

　◀━━▶は，共同活動関係を表している。━━▶は，一方向を示している。一方向は市場取引に近い関係であり，共同活動関係（共同での研究開発，生産そして商業化など）は相互依存性が程度の差によって多様な形態が存在する。このような協力関係は提携から統合まで多様な形態をとる（図表8-3）。ただし，相互依存性の高まりは，当該組織の独立性を損なうことになる。したがって，他の企業や組織との協力関係は，価値共有という側面を持つものであるが，同時に支配と従属などの力関係という側面も内包していると考えられる。この意味で主体の自立性とともに，関係そのものの独自な意義が関係の形成では重要である。

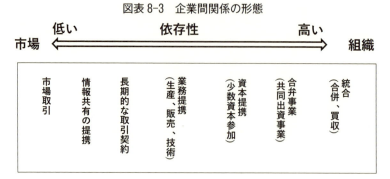

図表 8-3 企業間関係の形態

出所) Håkansson and Snehota (ed.) (1994), Ebers (ed.) (1997), Rice (2002) より作成

ここでは，中小企業とイノベーションの関係をこのようなオープンイノベーションの展開を踏まえながら検討する。

3.1.1 アウトバウンド (outbound) の形態

企業の研究活動の成果は，すべて開発され，生産されそして商業化されるわけではなく，自社内に未利用の知財として蓄積されている。この未利用の知財はアウトバウンドという形態で活用される対象となる。企業のアウトバウンドの場合は，自社の未利用として特許などを他企業へライセンス供与することがある。提供を受けた企業がその特許などを開発部門で実用化し，生産し商業化する。その結果，他企業が新しい市場を形成する。

また，自社の特許に基づいて開発し，その生産をスピンアウトにより組織された別会社（子会社，関係会社）で生産し，商業化して新しい市場を形成する。この場合，自社の特許が既存の市場と異なる新しい市場を形成することが別会社へとスピンアウトする要件となる。このような新しい市場への知財の活用は，企業の多角化戦略として行われるといえる。したがって，生産活動の分業的，地域的な分化など企業の生産組織的な合理化を図るためのスピンアウトにより形成される子会社，関係会社とは異なるものである。ただし，これらのスピン

第 8 章　中小企業の企業家育成基盤としての経営体制　147

アウトにより作られた子会社，関係会社の一部は中小企業で一定割合を占めていると考えられる。また，アウトバウンドは，企業内知財の未利用という意味でイノベーションの内部非効率性 (internal inefficiencies) の問題として検討されている（関　2017：88）。

3.1.2　インバウンド (inbound) の形態

　ついで，企業のインバウンドの場合は，研究段階，開発段階そして商業化段階の各段階で外部の資源や活動を組み込んで，自社の研究活動，開発活動そして商業化活動を活性化し，市場での競争優位を創出しようとするものである。つまり，研究活動や開発活動では，外部の研究成果であるアイディアや特許の提供を受けることになるし，開発活動では製品開発技術，さらに商業化の活動ではマーケティングについての技術やノウハウの提供を受けることになる。企業のインバウンドの場合は，多様な形態で実施される。つまり，ライセンスの提供から企業買収まで多様性がみられる。この多様性が企業間関係の多様性を生み出しているのであり，オープンイノベーションが企業間関係や企業以外の組織を含む組織間関係の問題とされるゆえんである。

　当初のオープンイノベーションは，研究や開発の段階に焦点が当てられていたが，今日では商業化の段階にも拡大している。このような拡大によりイノベーション研究が企業全体の経営課題として理解されることになった。また，イノベーションの商業化の段階が取り上げられることにより，イノベーションの収益性という企業の特性を反映したイノベーションのモデルが構築されることになった。このことは，製品イノベーション，生産過程のイノベーションそしてマーケティングのイノベーション，さらに組織のイノベーションなどイノベーションの拡張と多様性を生み出すとともに，複雑化をもたらすことになっている。したがって，経営者は，このようなイノベーションの拡張，多様性そして複雑化に対応することが求められるようになっている。

　また，オープンイノベーションのインバウンドは，中小企業にとって2つの

側面を持っている。第1はインバウンドにおける資源や活動の提供者としての側面である。第2はインバウンドにおける資源や活動の受容者としての側面である。企業間関係では，この両者は分離していることも，一体化していることもある。言い換えれば，第1はイノベーションの支援者としての中小企業であり，第2はイノベーションの主体としての中小企業である。

　まず，第1のイノベーションの支援者としての中小企業は，他企業への自社の知財や資源の提供であり，自社のアウトバウンドの問題である。中小企業が下請関係にある場合は，まさに研究開発の下請，そして従来の生産やマーケティングの下請中小企業となる。この問題は，中小企業のイノベーション問題における負の部分をもたらすことがある。研究開発の成果，技術・ノウハウの流出問題がこれである。本来，中小企業のアウトバウンドも内部非効率性の問題であるが，経営資源の乏しい中小企業下請では企業活性化の制約問題となりうるのである。過去の下請関係からみて中小企業の強みである研究開発の成果，技術・ノウハウを提供することになるからである。したがって，この制約をどのように回避するかが中心的な議論となる。具体的には，特許の保護に関する問題として取り上げられるのがこれである。ただし，企業買収，資本参加など主体の連結が伴う場合は，この限りではない。

　第2のイノベーションの主体としての中小企業は，イノベーションの資源や活動の制約を回避するために組織間関係を意図的に形成することになる。中小企業も自社のイノベーションを推進し，成果を達成するためにさまざまな外部の企業，組織そして個人と結びついて研究開発や商業化を行うことになる。大企業の子会社や関係会社を別にすれば，下請中小企業やベンチャー企業が自立型のイノベーションを展開することになる。下請中小企業やベンチャー企業は中小企業間の連携，大学，研究機関などとの連携そして大企業との連携において研究開発の共同活動や成果の共有を行うことになるのである。

3.2 組織間関係からみたオープンイノベーション

　オープンイノベーションの進化は，中小企業にも新たなイノベーションの可能性を提示している。中小企業は研究開発からマーケティングまでのあらゆる領域でのイノベーションに取り組んでいる。同時に，イノベーションの主体であったり，支援であったり2面性を持つ点も今日の中小企業の特徴となっている。しかし，いずれの側面でも関係形態は，活動，資源そして主体という関係の内容によってイノベーションへの取り組みが異なる。主体は活動によって資源を活性化させる。活動は資源の消費を意味し，主体の能力が発達するにつれて進化する。資源は主体が追求できる範囲を制限する。主体間の結束は，積極的で意識的に強力な活動の接続と資源の連結という関係を構築するための前提条件である。このような3つの次元の相互作用は，企業発展の原動力である。

　ここでの企業間関係は，基本的に主体間の関係であり，一方が他方に従属する関係ではない。したがって，主体間の連結が企業買収，資本参加などの支配的な形態をとる場合は，経済的な意味で単体の組織となり企業間関係とは異なる。子会社や関係会社は厳密には親会社との会社間関係といえる。ここでの企業間関係は企業の自立性が経済的にも保持され，経営的な自立性（意思決定の自立性）が保たれていることが前提となる。ただし，少数資本参加でも企業買収へと展開する可能性もあり，主体の連結は企業間関係の基軸となる。CVCの活性化は，中小企業とりわけ研究開発型の中小企業への大企業のインバウンド戦略ともいえる。

　そして，活動の接続や資源の結合は，主体の連結と異なり，中小企業の自立性に直接的にかかわるものではない。しかし，中小企業にとっては研究開発の成果，技術・ノウハウの流出につながる点も留意することが求められる。したがって，企業間関係は取引関係から協働関係まで多様な形態をとることになる。ここに，中小企業においても協力関係の戦略が求められるのである。オープンイノベーションを前提とした協力関係という意味で，イノベイティブな協力関係への取り組みが重要となる。組織間関係からイノベーションを検討すること

は，イノベーションの主体を検討することになり，さらには企業家精神の具現化でもある。

まさに，オープンイノベーションとユーザーイノベーションに関心が高まり，中小企業にも影響が高まるとき，中小企業の経営者は企業間関係ないし組織間関係の取り組みを通じてイノベーションを創出する能力を高めることが要求される。

分散型イノベーションは，間接的なイノベーション活動の存在を表している。オープンイノベーションとユーザーイノベーションは，ともに分散型イノベーションであるが，その目的が異なる。オープンイノベーションは企業の利潤を目指しているが，ユーザーイノベーションはユーザー（顧客）の便益を目的として創出される。両者は，この意味で異なるものであるが，ユーザーイノベーションの商業化による統合化の研究が関心を高めている。市場のデジタル化は，組織間関係だけでなく，イノベーションのデジタル化という側面を提起する。とりわけ自立した中小企業では，新たな市場を開拓するためのツールとなる。このことは，市場の開拓だけでなく，中小企業のイノベーションにも影響を及ぼすことになる。

そして，重要なことは，分散型イノベーションが盛んとなるとともに，ユーザーの工夫や研究開発によって創出されるイノベーションとしてのユーザーイノベーションがユーザーの個人的な状況と利便性によって生じるものであり，自発的に公開されることである。そこでは，図表8-4のように，アイデア創造者，共同制作者そしてテスター，エンドユーザーとしてのユーザーという特徴づけがなされて企業のイノベーションプロセスと相互関係を形成することに関心が高まっている。したがって，分散型イノベーションの時代では，企業はユーザーイノベーションを含めて広くイノベーションの機会の発見に取り組むことが求められ，そのための情報技術やAIの進歩を活用することが不可避となる。

図表8-4 イノベーションプロセスにおけるユーザーの位置と関係

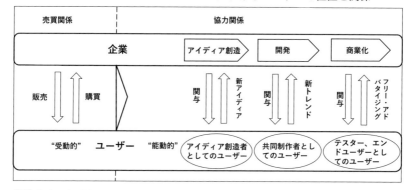

出所）Probst, L., Frideres, L., Dawit Demetri, Safaâ Moujahid, Bastian Vomhof & OliviaKelly Lonkeu, PwC Luxembourg (2014) を修正して作成

4．企業家機能と経営機能

　イノベーションに関する議論は，企業家精神（entrepreneuership に関する議論でもある。ここでは，企業家精神と経営者の役割について，Israel M. Kirzner と Peter F. Drucker の所論を採り上げて検討する。企業家精神について Joseph Alois Shumpeter は，精神というより，機能として理解している（Shumpeter 1998：29）。そして，カーズナーは行動として，ドラッカーは機能として理解し，このような Shumpeter の理解に近い立場をとっていると考えられる。

　まず，カーズナーは，「恐らく新しい追求する価値のある目的および恐らく新しい入手可能な資源に対する機敏性（alertness）という要素を人間の意思決定における企業家的要素と名付けることにする」（Kirzner 1973：35 = 2001：39）とされる。企業家の意思決定の特徴は，不完全知識の世界における潜在的に価値のある目的に対する機敏性と潜在的に有用で入手可能な資源に対する機敏性に求められている。

　さらに，「純粋な企業家精神という場合には，意思決定者が手段なしで事業を始めている必要がある」（Kirzner 1973：40 = 2001：44）としている。このよ

うに考えると，企業家は，企業家的な意思決定の後に必要とされる生産者，資産所有者（資本家）そして経営者とも異なることになる。つまり，企業は，「企業家が何らかの企業家的な意思決定を終えた後に生まれてくるものである。企業家はひとたびある商品を生産するのに必要な資源のいくつかを獲得してしまうと，いわゆる平常の事業活動に携わる」(Kirzner 1973：52 = 2001：57) とする。この企業家的な意思決定は，創業者の最初の意思決定ということになる。そして，このような平常の事業活動に携わる企業家はもはや，純粋な企業家ではなく，生産者，資源の所有者として理解される。この資源の所有者と経営者が一体となっている場合は，ここに，経営者と企業家の違いがあると考える。ただし，生産者は個人事業者だけでなく，会社という法律上の人，つまり法人企業としての生産組織である点が十分に取り上げられているとはいいがたいのである（池本　1984：231；関　2017：84）。このように，「企業家精神とは，新しい製品や新しい生産技術を導入することではなくて，新しい製品が消費者に価値あるものとなり，他人が知らない新しい生産技術が企業化できることを見通す能力なのである」(Kirzner 1973：81 = 2001：84)。

　さらに，「企業家精神に必要とされる知識の種類は，実質的な市場情報の知識ではなく，「知識をどこで探索すべきかの知識」である。この種の知識をぴったりと表現する言葉は機敏性であると思える。また，「機敏性」は雇われうるというのも真実である。しかし，知識を発見するのに機敏な被雇用者を雇う人間は，より高次の機敏性を発揮していることになる。企業家的知識は「高次の知識」といえようし，すでに保有されている（あるいは発見可能性のある）利用可能な情報を実用化するのに必要な究極の知識といえよう」(Kirzner 1973：68 = 2001：73) と指摘するのである。とくに，オープンイノベーションやユーザーイノベーションでは，知識をどこで探索すべきかの知識が重要となる。ユーザーイノベーションへと導くリード・ユーザー (lead user) の探索は，イノベーションの今日的な課題でもある。

　そして，Drucker は，企業家精神を行動 (behavior) として理解し，その基礎

を論理的かつ構想的な能力によって特徴づけている。そして，企業家の役割は，イノベーションを行うことであるとする。イノベーションは，資源に対する価値創造の新しい能力を付与することであり，企業家の道具であるとする。

さらに，「既存の企業は，経営管理を行うこと（how to manage）は知っているが，企業家としてイノベーションを行うことはこれから学ばなければならない。これに対し，ベンチャービジネスも，企業家としてイノベーションを行うことを学ばなければならないが，むしろそれよりも，経営管理を行うことを学ばなければならない」（Drucker 1985：175-176 = 1985：246）。企業家機能と経営機能は必要不可欠な関係にある。そして，ベンチャービジネスにはこのような組織が欠けており，「企業家精神にはまた，経営管理者による実践が必要である」（Drucker 1985：190 = 1985：266）と主張する。

また，「創業者が企業家精神を組織の中に確立しなかった企業で，創業者がいなくなっても企業家的であり続けた企業は，一つもない」（Drucker 1985：207 = 1985：289）とも指摘するのである。既存の企業では，いかに企業家精神の内部化に取り組むかが問われるのである。KirznerとDruckerは，企業家の機能（役割）を新たな機会の発見に求めている。そして，ともに企業家機能と経営管理機能は資本所有とは異なる機能であるとしている。ともに新しい機会に対する経営管理機能の適用がなければ社会的に存在しないことも指摘していると考える。この点は，中小企業でも生業・家業（イエ）や資本所有に基づく論理で企業家機能や経営機能をとらえることができないことを示している。したがって，中小企業の経営体制についても機能的な視点から検討することが求められるのである。

5．中小企業の経営体制と企業家的経営者

中小企業における新規事業の担い手は，経営者である。新規事業の担い手の70％は代表者となっている（中小企業庁　2018：30概要）。しかし，中小企業の

経営者の仕事は，事務的な性格が強く，改革的な性格が少ない（中小企業庁 2018：30 概要）。したがって，中小企業のイノベーションを推進するためには，このような状況の改善が求められる。そこで，中小企業の経営を一律に性格づけるのではなく，企業の経営的な特質から検討することが必要である。すでに，生業・家業的な性格，資本家な性格そして経営の機能的な性格に基づく区分（山城　1977：46-64）を用いて中小企業の経営を特徴づける検討がなされている（小椋　2014；小嶌　2006, 2012）。そこでは，生業・家業（イエの論理），企業（資本や所有の論理）そして経営体（経営の論理）が区分されている。このような3つの論理は，企業体制（発展）に関連付けて，生業・家業の近代化として企業が理解され，さらに企業の現代化として経営体が特徴づけられている。ここでも，このような企業体制（発展）論を用いながら，企業家育成基盤としての経営体制を検討する。

　まず，生業・家業では，イエの論理が支配的である。したがって，事業の後継問題にみられるように家族・親族への継承が中心課題であり，その対策として相続税対策が求められている。企業は，資本の論理が支配的である。ここでは，資本が所有を意味するために，所有権が明確化される。したがって，所有権者に事業の後継がなされる。もとより，家の論理と所有の論理が一体化している場合には，所有の論理がイエの論理として現出する。家の論理と所有の論理の一体化は，大企業でも見られる。ただし，家族経営と非家族経営の企業業績に対する影響は検証されていない（帝国データバンク　2016）。さらに，経営体は，マネジメントの論理が支配的である。マネジメントの論理は，イエの論理や資本・所有の論理とは異なり，機能としてマネジメントを理解することから展開される。マネジメントは機能であることから，機能遂行の能力が重要となる。したがって，マネジメントの機能を担当するものは，優れた機能遂行能力によって評価されることになる。ここに，経営機能を担当する専門家としての専門経営者は，血縁関係などのイエの論理でもなく，資本・所有の論理に基づくものでもなく，純粋に機能的な経営能力で登場するのである。

第8章　中小企業の企業家育成基盤としての経営体制　155

　また，マネジメントは，経営管理とも訳され，経営と管理が未分離で理解されることがある。ここでは，経営と管理を区分する（山城　1977：225-245）。管理とは，組織内部のマネジメントであり，managing manager である。わが国の管理職と呼ばれる言葉はこの点をよく表している。しかし，経営は組織のトップであり，組織内部のマネジメントだけでなく，組織外部との関係に対して組織全体（代表）として対応することが求められる。したがって，経営は managing as a whole ということになる。なお，監督は，直接的な現場対応であり，managing workers とされる。このように経営の論理では，組織活動の機能的な理解と分化によって専門性が高められることになる。このような経営機能の分化は，事業規模が拡大し，従業員数が増加するにつれて，段階的に監督，管理が形成されて機能的に分離する。

　生業・家業は，イエの論理から資本・所有の論理だけでなく，経営の論理へと転換し，機能的な論理を取り入れて，事業継承も経営の論理に従って経営者としての能力に基づいて事業継承することが経営的には求められる。たとえ，家族や親族への事業継承であっても，家族や親族を経営機能の担当能力に従って事業継承を行えばよいのである。企業においても資本・所有の論理から経営の論理によってその充実を図ることが求められる。この意味でも「資本と経営の分離」は，経営機能の充実という視点から理解されることになる。

　企業家という視点からは，生業・家業も創業者は企業家的な機能を備えていた。つまり，ベンチャービジネスとしてスタートしている。この意味で創業者は，きわめて重要な役割を演じている。企業家機能はイエの論理や資本・所有の論理からは独立ではあるが，経営機能からは独立ではないのである。ドラッカーの指摘にあるように両者はともに不可欠な関係にある。

　企業家機能の担い手は，3つに分類される。第1グループは生業・家業であるが，企業家機能の担い手は，1，2，3である。1は創業者が考えられる。2と3は生業・家業の性格を持ちながら成長した中堅企業や大企業の生業・家業的企業家である。2と3は1が事業規模の拡大に従って段階的に分化すること

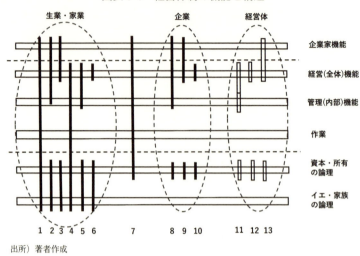

図表 8-5　経営体制の機能と構造

出所）著者作成

を示している。4と5と6はDruckerのいう「企業家精神を組織に確立しなかった」場合である。第2グループは企業（資本・所有）であるが，企業家機能の担い手は8と9である。ここでは，イエの論理ではなく，資本や所有の論理に基づく企業家，つまり資本家的な企業家が担うといえる。第3グループは経営体であるが，資本と経営の分離（ここでは ▭ によって示される），また専門経営者の論理に基づいて企業家機能が担われる。これは，13であり，専門経営者として企業家機能を担う企業家的経営者である。そして，7はベンチャービジネスである。ベンチャービジネスの代表者は，個人事業者であり作業から経営機能まで担当するが，事業開始前より企業家機能を担うといえる。ベンチャービジネスの代表者は，生業・家業的な性格を強めれば家長的企業家となり，企業の性格を強めれば資本家的な企業家となる。そして，経営の論理に基づくならば企業家的な経営者となる。

　これらの3つのタイプとベンチャービジネスが企業家機能に基づくイノベーションの担い手として位置づけられると考える。ただし，3つのタイプの業績

評価に差があるかは検証されていない。しかし，いくつかの考慮すべき点がある。一つは，事業継承の問題，いま一つは経営体制（取締役会）の問題である。まず，事業継承の問題では，わが国の小規模，中小企業における事業継承がうまくいかないとされる。生業・家業では，事業継承が相続の問題として議論されているのがこれである。基本的にイエの論理と事業が未分離であり，資本の論理に基づいていない。このことは，中堅企業・大企業でも同じで，家族・親族への継承が根底にある。[2] このことが経営に負の影響を与えていると考える。もとより，経営の論理に従って，専門経営者として評価し，その結果として家族・親族へ継承することに問題はないと考える。

　次いで，企業の経営体制，特に取締役会の機能について，イノベーション能力の高いとされる欧米企業では，取締役会の委員会として Innovation and Finance Committee, Public Responsibilities Committee, Risk Committee, Acquisition Committee, Sustainability and Innovation Committee など時機に会った各種の委員会が設置され，イノベーションへの取り組みが組み込まれていることが散見される。[3] わが国では，取締役会の委員会としての監査委員会，指名委員会そして報酬委員会の３つにほぼ統一され，監査的な性格が強くなっている。このような経営体制のあり方が分散型イノベーションの進展に対応しうるかは疑問である。これらの点は，イノベーションを推進する上での経営課題であり，企業家的経営者の育成に対する基盤整備として看過されてはならない。

　また，「創業者が企業家精神を組織の中に確立しなかった企業で，創業者がいなくなっても企業家的であり続けた企業は，一つもない」という Drucker の指摘もある。この問題に対しては，「機敏性」は雇われうるというのも真実であるという Kirzner の指摘にしたがって，「高次な機敏性」を考えるべきである。この「高次な機敏性」は企業家機能と経営者機能の担い手を考える基本となる。そして，企業家は，「賢明にも直接・間接に雇用した人びとが発掘する機会を発見し利用する上で最終責任」(Kirzner 1973：69 = 2001：74) をおわ

なければならないのである。この「高次な機敏性」という考えは，経営機能の担い手として専門経営者が雇用される所以とも考えられる。経営者は経営をしなければならないのである。そして，中小企業の経営体制とは，生業・家業的な性格をもつ経営体制，資本・所有的な性格をもつ経営体制，さらに進んで経営の論理に基づく経営体制が考えられることになる。また，事業規模の拡大に伴う作業，管理そして経営の分離という機能分化を加味すれば多様な経営体制が具現化される。したがって，一元的な経営体制の議論は中小企業では限定的なものとなる。ただし，企業家機能と経営者機能は，分散型イノベーションの進展を考えるといずれの経営体制でも重要となる。ここに，中小企業においても企業家機能を高めることが不可欠となるのである。ただし，既存企業では企業家精神を学び，ベンチャービジネスでは経営管理としてのマネジメントを学ぶという育成プロセスを経て，企業家的経営者の育成を目指すことになる。

6．おわりに

　まず，企業家機能と経営者機能は，企業の規模や所有形態とは関係しない。生業家業でも企業でも企業家精神と経営の論理が発揮されていれば企業家的な経営を行っていることになる。しかし，現実は，家の論理や資本・所有の論理に基づいて経営の後継者を決定している。このことが中小企業の経営的な課題である。ここで明らかになったことは，企業家精神も経営の論理もともにイエの論理，資本・所有の論理とは異なることである。中小企業の経営問題としての経営体制の構築は，まさに企業家精神と経営の論理を徹底すること以外にないと考える。

　さらに，企業が何らかの企業家的な意思決定を終えた後に生まれてくるものであるとするKirsnerの見解は，ベンチャービジネスや創業者の役割を知る手がかりとなる。とくに中小企業における創業者の役割に関する検討は，イノベーション問題を考えるうえで必要である。

また，企業が設立された後は，企業家はいわゆる平常の事業活動に携わる資源所有者としての生産者と理解される。このような生産者は企業の経営や管理，その他のサービスに貢献し，所得を得ることになる。そして，Drucker の指摘のように，実際の生産者は企業家機能と経営機能を必要とし，中小企業の経営者は平常の事業活動に携わりながらも，企業家精神を発揮する企業家的経営者としての能力を高めなければならない。企業家育成と経営者育成は，事業の進展によって適切な取り組みが必要である。今日のイノベーション，とくにオープンイノベーションやユーザーイノベーションへの取り組みが盛んな時代では，新しい追求する価値のある目的および新しい入手可能な資源に対する機敏性という要素によって特徴づけられる企業家精神を持ち，その事業化を実現する組織の経営を担う専門経営者の能力を高める企業家的経営者の育成が最も必要であり，状況に応じた育成の思考が不可欠であると考える。　　　　　（柿崎　洋一）

注
1) 子会社や関係会社については，次の定義を採用している。まず，大企業の子会社とは，自社の議決権の50％以上が大企業によって保有されている場合，もしくは自社の議決権の40％以上が大企業によって保有され，かつ，当該大企業から役員の半数以上の派遣を受けているなど実質的な支配を受けている場合である。大企業の関連会社とは，自社の議決権の50％未満，かつ20％以上が大企業によって保有されている場合，もしくは，自社の議決権の15％以上が大企業によって保有され，かつ，当該大企業から役員の派遣を受けているなど自社の財務及び事業の方針の決定に対して重要な影響を与えている場合（中小企業実態基本調査―用語の解説）としている。
2) 中小企業の事業継承は，家族や親族が多く，とくに代表者の子が多くなっている。親族内継承は66.6％を占めており，さらに親族内継承では81.5％が子供を候補者としている。親族外の候補者は社内の役員，従業員となっている（中小企業白書　2017：237）。
3) 企業名は次の通りである。各社の HP による。・Simens AG, "Innovation and Finance Committee"；GE.com., "Management Development and Compensation Committee, Public Responsibilities Committee, Risk Committee"；Ford.com.,

"Sustainability and Innovation Committee"；Cisco, Inc.,"Acquisition Committee, Finance Committee"；BMW AG, "Mediation Committee"；Phillips N.V., "the Quality & Regulatory Committee".

参考文献

Altman, Elizabeth J. and Tushman, Michael L. (2017) "Platforms, Open/User Innovation, and Ecosystems: A Strategic Leadership Perspective" *Working Paper* 17-076, April 2017, Harvard Business School.

アクセンチュア (2017)「中小企業の経営体制・経営管理等に関する調査」
http://www.meti.go.jp/meti_lib/report/H29FY/000256.pdf (2018年10月24日閲覧)

Chesbrough, H., et al. (2006a) *Open Innovation: Researching a new paradigm*, Oxford University Press, (PRTM監訳, 長尾高弘訳, 2008『オープンイノベーション―組織を越えたネットワークが成長を加速する―』英治出版)

Chesbrough, H. (2006b) *Open Innovation: Striving for Innovation Success in the 21st Century*, Oxford University.

Chesbrough, H. (2003) *Open Innovation: The New Imperative for Creating and Profiting from Technology*, Harvard Business School Press. (大前恵一朗訳, 2004『OPEN INNOVATION―ハーバード流イノベーション戦略のすべて―』産業能率大学出版)

Chesbrough, H. (2010) "How Smaller Companies Can Benefit from Open Innovation," *COVER STORY, Open Innovation: A Key to Achieving Socioeconomic Evolution, 3JAPAN SPOTLIGHT*.
https://www.jef.or.jp/journal/pdf/169th_cover03.pdf (2018年10月24日閲覧)

Chesbrough,H., Vanhaverbeke,W. and West, J. (ed.) (2014) *New Frontiers in Open Innovation*, Oxford University Press.

中小企業庁調査室 (2018c)『2018年版中小企業白書・小規模企業白書 概要』
http://www.meti.go.jp/press/2018/04/20180420001/20180420001-3.pdf (2018年10月24日閲覧)

中小企業庁 (2005)『2005年版中小企業白書』
http://www.chusho.meti.go.jp/pamflet/hakusyo/h17/download/2005hakusho_point.pdf (2018年10月24日閲覧)

中小企業庁 (2009)『2009年版中小企業白書概要』
http://www.chusho.meti.go.jp/pamflet/hakusyo/h21/h21_1/090424h21_gaiyou.pdf (2018年10月24日閲覧)

中小企業庁（2017）『2017年版中小企業白書』
http://www.chusho.meti.go.jp/pamflet/hakusyo/H29/h29/index.html（2018年10月24日閲覧）

中小企業庁（2018a）『2018年版中小企業白書』
http://www.chusho.meti.go.jp（2018年10月24日閲覧）

中小企業庁（2018b）「下請中小企業の現状と今後の政策展開について」
http://www.kmt-ti.or.jp/wp-content/uploads/2014/11/130906183039_S20613210.pdf.（2018年10月24日閲覧）

Drucker, P. F.（1985）*Innovation and Entrepreneurship,* Elsevier, NewYork.（上田惇生・佐々木実智男訳（1985）『イノベーションと企業家精神』ダイヤモンド社）

European Commission（2014）"An Overview of Models of Distributed Innovation," *Open Innovation, User Innovation and Social Innovation.*

Håkansson, Håkan and Snehota, Ivan（ed.）（1994）*Developing Relationships in Business Networks,* Routledge.

石井正道（2016）「カーズナー型アントレプレナーシップを促進するマネジメントに関する考察―ピーター・ドラッカーの視点―」『名古屋商科大学紀要』61（1）：25-33

池本正純（1984）『企業者とはなにか』有斐閣

Rice, B. James Jr.（2002）"strategic partnership: collaboration,alliances & the coordination spectrum" *LOGISTICS SOLUTIONS ISSUE.*
http://www.logisty.narod.ru/eng/1.pdf（2018年10月24日閲覧）

オープンイノベーション・ベンチャー創造協議会（JOIC）・新エネルギー・産業技術総合開発機構（NEDO）編集（2018）『オープンイノベーション白書（第2版）』」
https://www.nedo.go.jp/content/100879991.pdf（2018年10月24日閲覧）

Kirzner, Israel M.（1973）*Competition and Entrepreneurship,* the University of Chicago Press.（田島義博監訳，2001『競争と企業家精神―ベンチャーの経済理論』日本経済評論社）

Kirzner, Israel M.（1997）*How Markets Work: disequilibrium, entrepreneurship and discovery,* the Institute of Economic Affairs.（西岡幹雄・谷村智輝訳，2001『企業家と市場とは何か』千倉書房）

小嶌正稔（2006）「MOTと中小企業の経営力の創成―MOTの3領域と経営発展能力―」『経営力創成研究』2（1）

小嶌正稔（2012）「中小企業の経営力の創成―中小企業視点からの経営力と経営機能―」『経営力創成研究』第8号

Probst, L., Frideres, L., Dawit Demetri, Safaâ Moujahid, Bastian Vomhof and

OliviaKelly Lonkeu, PwC Luxembourg (2014) "Customer Experience, Customer incentives and involvement" *Business Innovation Observatory* , European Union.

Mark Ebers (ed.) (1997) *The Formation of Inter-Organizational networks*, Oxford University Press.

中村秀一郎 (1992)『21世紀型中小企業』岩波書店

野村総合研究所 (2013)「平成24年度総合調査研究 新事業創出支援に関する実態調査 最終報告書」

小椋康宏 (2014)「企業家精神と企業家的経営者―ベンチャー創出の行動理念―」東洋大学現代社会総合研究所『現代社会研究』第12号

シュンペーター，J.A. 著，清成忠男編訳 (1998)『企業家とは何か』東洋経済新報社

関智一 (2017)『イノベーションと内部非効率性』白桃書房

宋元旭・秋池篤 (2014)「イノベーションの発生場所と情報の粘着性：ユーザーイノベーションの発生原理＊ ―経営学輪講 von Hippel (1994) ―」『赤門マネジメント・レビュー』13 (8)

　https://www.jstage.jst.go.jp/article/amr/13/8/13_130802/_article/-char/ja/ (2018年10月24日閲覧)

帝国データバンク 顧客サービス統括部 先端データ分析サービス課 (2016)『同族企業分析』

　https://www.tdb.co.jp/bigdata/articles/pdf/tradingnew01.pdf (2018年10月24日閲覧)

von Hippel, E. (2005) *Democratizing innovation*. Cambridge, MA: MIT Press. (エリック・フォン・ヒッペル著，サイコム・インターナショナル訳，2006『民主化するイノベーションの時代』ファーストプレス社)

山城章 (1977)『経営学［増補版］』白桃書房

あとがき

　東洋大学経営力創成研究センター 15 年間にわたる研究・教育活動を終えるにあたり，本センター創設の代表者であった立場から，一言，ご挨拶申し上げます。

　本研究センターは，文部科学省の私立大学戦略的研究基盤形成支援事業の認可を受け，2004 年から 2009 年までは，研究テーマ「日本発マネジメント・マーケティング・テクノロジーによる新しい競争力に関する研究」のもとに，2009 年から 2014 年までは，研究テーマ「日本発経営力の創成と『新・日本流』経営者・管理者教育の研究」のもとに，また 2014 年から 2019 年までは，研究テーマ「スモールビジネス・マネジメントの創造と国際的企業家育成の研究」のもとに研究・教育活動をはじめ，研究者の養成および企業家育成を進めてきました。本センターの理念は，『経営力創成研究』第 1 巻で小生が述べているように，日本の経営学研究に研究者として長年にわたり，研究活動をなされてきた故一橋大学教授の山城章先生の経営学方法論に依拠した実践経営学・経営実践学に基づいた研究・教育活動を進めてきたわけです。研究活動の特徴の一つは国内外の企業や研究機関の訪問・調査を通じて，その時宜にあった経営事情および経営者の経営理念をわれわれの経営研究に活用してきたことです。もう一つは，年 3 回にわたる本センターのシンポジウムで研究員の報告はもとより，そのシンポジウムに企業家とくに経営者をお招きし，講演いただくと同時に，今日の時宜にあったさまざまな経営課題をわれわれ研究員が企業家・経営者とともに議論し問題解決を進めたところにあります。このシンポジウムの活動は，リサーチ・アシスタントの研究・教育能力の育成に貢献したものと考えております。

今回，本センターの研究・教育活動は一つの区切りを迎えますが，ここで得た知見や研究・教育の成果は，これからの日本の経営学研究を志す者に新しい手掛かりを与えてくれるものと確信しております。

　以上，東洋大学経営力創成研究センターの創設者および研究員として15年間にわたって活動してきた問題意識と研究・教育活動の経過を述べ，ご挨拶といたします。

2018年12月

東洋大学名誉教授
東洋大学経営力創成研究センター顧問　小椋　康宏

■編者紹介

東洋大学経営力創成研究センター

本研究センターは，平成26年度の文部科学省による私立大学戦略的研究基盤形成支援事業の認可を受け，統一テーマ「スモールビジネス・マネジメントの創造と国際的企業家育成の研究」のもとに研究活動に取り組んでいます。

センター長・編集責任者　西澤昭夫

〒112-8606
東京都文京区白山 5-28-20
TEL：03-3945-7398
FAX：03-3945-7396
E-mail：ml-rcm@toyo.jp

スモールビジネスの経営力創成とアントレプレナーシップ

2019年3月20日　第一版第一刷発行

編　者　東洋大学経営力創成研究センター

発行所　㈱学文社

発行者　田中千津子

〒153-0064　東京都目黒区下目黒 3-6-1
電話(03)3715-1501(代表)　振替00130-9-98842
http://www.gakubunsha.com

印刷／新灯印刷
(検印省略)

落丁，乱丁本は，本社にてお取り替えします。
定価は，売上カード，カバーに表示してあります。
ISBN 978-4-7620-2877-9
Ⓒ 2019 Research Center for Creative Management Printed in Japan